이제 여러분들은 시간, 공간, 인간의 물리적 한계를 뛰어넘을
메타버스호에 탑승하셨습니다. 그럼 저와 함께 떠나보실까요?

저자 민 문 호

메타버스
골드러시

메타버스 골드러시

초판 1쇄 인쇄 2021년 11월 10일
초판 1쇄 발행 2021년 11월 20일

지은이 **민문호**
펴낸이 **우세웅**
책임편집 **김은지**
기획편집 **박관수 한희진**
콘텐츠기획·홍보 **전다솔**
북디자인 **이선영**

종이 **페이퍼프라이스(주)**
인쇄 **㈜다온피앤피**

펴낸곳 **슬로디미디어그룹**
신고번호 **제25100-2017-000035호**
신고년월일 **2017년 6월 13일**
주소 **서울특별시 마포구 월드컵북로 400, 상암동 서울산업진흥원(문화콘텐츠센터) 5층 22호**
전화 **02)493-7780**
팩스 **0303)3442-7780**
전자우편 **slody925@gmail.com(원고투고·사업제휴)**
홈페이지 **slodymedia.modoo.at**
블로그 **slodymedia.xyz**
페이스북,인스타그램 **slodymedia**

ISBN 979-11-6785-043-0(03320)

미래산업의 열쇠, 누가 마지막 메타버스에 탑승할 것인가?

메타버스 골드러시

METAVERSE GOLDRUSH

민문호 지음

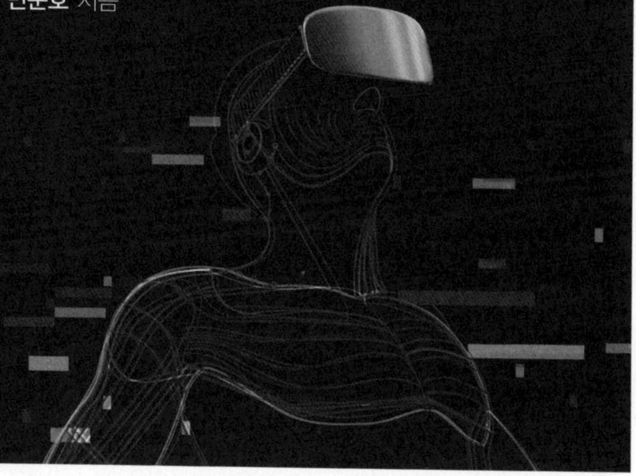

슬로디미디어

메타버스 비즈니스 CEO가 말하는 메타버스 10문 10답

Q1. 요즘 가장 이슈가 되는 단어가 '메타버스'인데요. 메타버스란 정확히 무엇이며, 메타버스 세계에 적응하기 위해서는 어떤 자세를 가져야 할까요?

A. 메타버스Metaverse는 초월을 뜻하는 'Meta'와 우주·특정한 경험의 세계를 뜻하는 'Universe'의 합성어입니다. VRvirtual reality, 가상현실과 ARAugmented Reality, 증강현실, 인터넷을 포함한 3D 가상공간으로 구성되어 현실과 비현실이 공존하는 공간을 말하죠. 가상현실에서 조금 더 확장한 개념으로 모든 디지털 경험을 할 수 있는 포괄적인 공간이기도 하고요. 중요한 건, 현실 세계

와 마찬가지로 사회적·경제적·예술적 활동을 할 수 있다는 것입니다. 거기에 현실에서는 제약이 따르는 물리적 이동까지 가능하지요.

메타버스를 이해하고 싶다면 1992년 출판된 닐 스티븐슨Neal Stephenson의 SF 사이버 펑크 소설 《스노 크래시Snow Crash》를 추천하고 싶습니다. 피자 배달원인 주인공 히로가 메타버스 세계에서 싸워 현실의 세계를 구한다는 내용으로, 현재 메타버스 개념과 세컨드 라이프의 시초가 된 소설입니다. 소설 속 메타버스는 사용자에게 도시 환경처럼 구현되어 마치 실재하는 거대한 사이버 행성처럼 느껴지게 합니다. 고글을 착용하고 메타버스 세계에 액세스해 가상의 부동산을 구매하는 등 다양한 활동을 하는 장면이 나오는데 30년 전에 이런 상상을 했다는 게 참 놀랍습니다. 게다가 2018년에 개봉한 스티븐 스필버그의 영화 〈레디 플레이어 원Ready Player One〉은 메타버스 세계를 그리면서도 현재 구현되고 있는 기술의 절반이 나오기까지 하니 메타버스라는 말은 생소해도 이미 펼쳐진 세계라고 할 수 있죠.

메타버스 시대에 뒤처지지 않으려면 이러한 메타버스에 대해 알고, 새로 탄생할 다양한 직업군을 상상하고 준비해야 합니다. 메타버스 플랫폼에서 각종 재화와 아이템을 설계하고 제작해 판매하기도 하고, 광고와 가상자산, 콘텐츠 제작 등으로 수익 모델을 창출할 수 있으면 좋습니다.

메타버스는 사용자가 주인인 세계입니다. 플랫폼 기업 또한 사용자들이 크리에이터가 될 수 있는 장을 마련하기 위해 오픈 월드 형태로 진화하고 있습니다. 메타버스의 주축은 MZ 세대라고 할 수 있어요. 로블록스에서는 이미 10대 크리에이터가 백만장자의 반열에 오르기도 했습니다. 이들을 'C 세대'라고 합니다. 사용자 모두 창의적인 아이디어로 메타버스를 활용할 수 있어야 합니다.

Q2. 가상현실과 메타버스 개념이 혼동되는 경향이 있는데, 둘의 차이점은 정확히 무엇인가요?

A. 가상현실은 '버추얼 리얼리티'를 표방하는 단방향 콘텐츠입니다. 1인칭 시점으로 현실에서 가상현실을 체험하는 것이죠. 컴퓨터 등으로 만들어진 인공의 세상에 접속하는 그 자체를

의미합니다.

VR은 구글이 카드보드라는 골판지로 만든 단순한 형태의 VR 디바이스를 출시하며 시장이 형성되었습니다. 비교적 저렴하고 VR 콘텐츠에 연동시키기만 하면 되어서 편리했죠. 그러다가 소니가 플레이스테이션을, 페이스북이 오큘러스 퀘스트2를, 바이브가 HTC 바이브 포커스3를 내놓으며 본격화되었습니다.

여기에 현실 세계에 가상의 물체를 겹쳐 보여 주는 AR과 가상과 현실을 섞어 3차원의 가상세계를 만든 MRMixed Reality, 혼합현실 기술이 합쳐지며 더 현실감 있는 가상현실 콘텐츠가 형성되었습니다.

메타버스는 이와는 달리 양방향 콘텐츠입니다. 기술적으로는 AR, VR, MR 기술이 혼합되어 있으며, 사용자는 그 안에서 다양한 사회 활동과 경제 활동을 할 수 있습니다. 기업이 만든 콘텐츠 활용뿐 아니라 스스로 콘텐츠를 만들 수도 있고 판매도 할 수 있죠. 거래는 블록체인 기술로 인증된 가상화폐를 이용합니다. 메타버스 세계가 성숙하면 새로운 일자리가 창출되고, 모두가 크리에이터가 되어 창의적인 활동을 할 수 있을 거로 예상됩니다. 그러나 메타버스 세상도 인간이 활동하는 세계이므로 현실 세계와 비슷한 각종 범죄와 윤리적 문제 또는 지금껏 겪지 못한 새로운 문제도 벌어질 것입니다. 햅틱 기술의 발전으로 폭력이나 성폭력 문제도 현실과 가깝게 벌어질 수 있고, 재화의 생산과 판매로 사기와 같은 문제도 발생할 수 있죠. 현실의 법과 윤리 강령이 디지털 세계에도 영향을 끼칠 수 있도록 변화해야 합니다. 인간의 현실 세계와 흡사한 세계가 구현되므로 철학적 정립 또한 필요하다고 볼 수 있습니다. 거부할 수 없는 미래에 메타버스를 유익하게 활용할 수 있는 준비를 하시길 바랍니다.

Q3. 코로나19로 비대면 환경이 빠르게 조성되며 메타버스를 활용하는 경우가 많아졌습니다. 기업과 개인은 확장될 비대면 사회에서 어떻게 메타버스 플랫폼을 활용하고 있나요?

A. 현재 메타버스 플랫폼은 특정 산업에 국한되지 않고 정보통신기술과 환경 변화에 따라 기술별·산업별 융합을 통해 포스트 인터넷 시대를 열어갈 새로운 산업의 게임 체인저로 주

목 받고 있습니다. 미래학자 로저 제임스 해밀턴Roger James Hamilton은 2024년에는 3D 가상세계에서 보내는 시간이 2D 인터넷 세상에서 보내는 시간보다 많을 거라고 예측했으며, 메타버스로의 전환은 비대면의 일상화와 디지털 네이티브로 자란 MZ 세대를 중심으로 빠르게 확장되리라 보입니다. 그리고 XR eXtended Reality, 확장현실과 이머시브Immersive 기술을 활용해 현실 세계가 가상으로 확대하여 사회, 경제, 문화적 가치를 창출하는 '실감 경제Immersive Economy'가 나타날 것입니다.

이에 기업들은 메타버스를 새로운 기회로 인식하고, 엔비디아는 3D 디자인 협업 플랫폼인 '옴니버스Omnibus'를 출시해 모든 3D 시각화 프로세스를 클라우드에서 실시간 작업할 수 있게 했으며, 마이크로소프트는 '메시Mesh'를 출시해 디자인, 설계, 의료 등 다양한 직업군의 작업자들이 아바타를 통해 한 공간에서 협업할 수 있게 했습니다. 구글과 애플은 AR 기반의 메타버스 개발자 플랫폼을 출시해 메타버스 앱 개발을 위한 제조, 디자인, 유통 등을 할 수 있게 했지요. '포켓몬 GO'와 같은 증강현실 게임 제작에 용이합니다.

개인의 메타버스 플랫폼 이용도 활발합니다. 비대면 행사에 적극적으로 참여하는 건데요. 예를 들어, 부동산 앱 '직방'의 직원들은 직방의 자체 메타버스 업무 플랫폼인 '메타폴리스'에서 아바타로 접속해 일하고 있으며, 건국대학교 학생들은 '건국 유니버스' 플랫폼에서 봄 축제를 즐겼습니다. 또한, LG 디스플레이의 신입 직원들은 '역할 수행 게임RPG' 플랫폼에 아바타로 접속해 동기들과 화상 채팅을 하고, 릴레이 미션과 미니 게임 등으로 팀워크를 다졌습니다.

또한 정부도 다가올 메타버스 시대에 맞는 정책을 만들고, 개인이 메타버스 플랫폼을 적극적으로 활용할 수 있도록 돕고 있습니다. 가상 국가를 구현해 국가 정책을 시뮬레이션하고, 가상 기관을 만들어 비대면 교육, 의료, 행정 서비스를 받을 수 있게 해 소득별, 지역별 격차를 줄이기 위해 노력하고 있죠. 우리나라의 경우 '스마트 스쿨, 자율 주행 자동차, 스마트 공장, 메타버스 마켓, 스마트 치안' 핵심 서비스를 바탕으로 2023년에 5G 스마트 시티 건립 추진 중에 있습니다.

Q4. 메타버스의 주역으로 디지털 네이티브인 MZ 세대를 꼽는데요. MZ 세대는 어떤 특징이 있으며, 기성세대와 무엇이 다른지 궁금합니다.

A. 많은 분이 MZ 세대가 정확히 무엇인지, 기성세대와의 차이점은 무엇인지를 묻습니다. 저도 기성세대에 속하는데요, 또 함께 일하는 직원은 MZ 세대입니다. 디지털 기기 사용에 익숙하고, 유연하게 협업하는 모습을 보게 됩니다.

일단 MZ 세대에 대한 분야별 정의가 있지만, 저는 메타버스 플랫폼 비즈니스를 하는 사업가로서 '디지털 네이티브'의 면모에 관해 이야기하겠습니다. MZ 세대는 디지털 네이티브, 즉 '디지털 원주민'으로 태어날 때부터 스마트폰과 컴퓨터를 손에 쥔 세대입니다. 다양한 유무선 디지털 기기를 자유자재로 이용하고 SNS 사용도 일상화되어 있습니다. 좋아하는 일에는 성실하고 열정적이며, 기꺼이 협업하는 면모를 보이기도 하죠. 흥미가 있는 분야는 또 AIArtificial intelligence, 인공지능 추천 등을 통해 '구독'을 합니다. 적은 돈으로 원하는 상품을 소유하기 위해 '공유' 서비스를 이용하고요. 기성 미디어인 TV와 라디오보다는 개인화된 플랫폼을 활용하는 것도 특징입니다. 유튜브와 페이스북, 인스타그램, 틱톡 등을 활용하여 적극적으로 자신을 드러냅니다. 또한, 여느 세대보다 콘텐츠를 만들고 공유하는 데 능한 세대라고 볼 수 있습니다. 굉장히 멀티태스킹에 능하고 의사소통도 즉각적이에요. 원할 때 언제든 정보를 얻을 수 있기 때문이죠.

반면, 기성세대는 '디지털 이주민'에 해당합니다. 성인이 되어 디지털 기기를 다루고 학습하며 적응한 존재라고 볼 수 있어요. MZ 세대가 업무와 실생활에 필요한 정보를 적극적으로 취하고 생성한다면, 기성세대는 이를 일방적으로 수용하는 면모를 보입니다.

지금의 시대는 두 세대가 함께 협업하는 형태입니다. 그래서 기존의 나이와 직급에 따른 수직적 문화 구조를 벗어나 조금 더 수평적이고 공정한 업무 시스템을 구축하기 위해 많은 기업이 노력하고 있습니다. 또한, 디지털 격차는 자칫 소득 격차로 이어질 수 있기 때문에 이를 해결하기 위한 교육과 방안도 적극적으로 모색되고 있습니다.

MZ 세대의 특징은 메타버스의 발전과 밀접한 관련이 있습니다. 엔터테인먼트 기업은 팬덤 문화를 형성한 MZ 세대의 기호에 맞는 콘텐츠와 굿즈를 제작하기도 하고요. 앞으로 중장년층과 시니어 세대가 이용할 수 있는 메타버스 콘텐츠 산업의 발달도 기대되지만, 당분간은 MZ 세대를 주축으로 한 콘텐츠와 기술 개발 위주로 진행될 것으로 보입니다.

Q5. 중장년층과 시니어 세대에 대한 이야기도 빼놓을 수 없을 것 같습니다. 중장년층이 메타버스에 적응하고 경제적 이득을 취할 방법이 있을까요? 시니어 세대가 메타버스를 활용하는 사례도 궁금합니다.

A. 메타버스는 게임과 소셜 분야에 많이 활용되고 있으나 앞으로 전 산업과 사회 영역으로 확장될 것입니다. 그래서 대두되는 문제가 첨단 기기 사용이 익숙하지 않은 시니어 세대가 소외되는 현상입니다. 시니어 세대에게 메타버스 플랫폼 활용에 대한 교육이 필요한 실정이고, 여기에 인간과 시공간에 대한 기존의 상식을 뛰어넘는 이해도도 요구되지요.

사실 제 메타버스 강의에 중장년층의 신청이 많아 놀랐습니다. 젊은 사람들이 많이 수강할 줄 알았는데 현역으로 일하고 있는 50대 분들의 수강이 많았어요. 윤리 과목 교사, 코딩 교육자, 회사에서 메타버스 플랫폼을 활용해 사업을 개발해야 하는 임원 등 다양한 분야의 분들이 오신 거죠. 질문도 다양했습니다. 메타버스 비즈니스의 동향, 윤리적 문제점 등등… 이분들은 메타버스 업무 플랫폼으로의 확대로 인해 이미 메타버스를 경험하기도 했습니다. 아바타로 기업 연수와 교육을 받기도 하고, 가상공간에서 업무를 수행하면서 말이죠. 50대 이상의 중장년층은 종합 쇼핑몰과 배달 앱, OTT 등의 온라인 서비스의 소비 주역으로 급부상하고 있습니다. 사실 처음이 어렵지 익숙해지기만 하면 사용하기 편리하죠. 이렇게 디지털 활용이 익숙한 5060세대를 일컬어 '액티브 시니어 세대'라고 합니다. 얼마든지 교육을 통해 메타버스를 활용하고 제작도 할 수 있는 역량이 충분하다고 보고 있습니다.

또한 시니어 세대의 메타버스 콘텐츠 활용도 높아지고 있습니다. 코로나19로 한데 모여 소통할 수 없으니 메타버스 콘텐츠로 문화·예술 활동을 즐긴다거나 사람들과 어울리는 거죠. 뇌 질환과 치매, 신체 약화 예방을 위한 메타버스 운동 프로그램도 있고요. 실제로 많은 업체가 시니어를 위한 콘텐츠 제작 사업에 뛰어들고 있습니다.

Q6. 최근 메타버스 플랫폼 로블록스에서 10대의 백만장자가 탄생해 화제가 되었는데요. 이로 인해 가상자산의 기대감과 한계점에 대한 논의도 활발해진 것 같습니다. 가상자산은 정확히 무엇이며 메타버스에서는 어떻게 활용될까요?

A. 로블록스에서는 매년 수백만 개의 게임이 제작되고 디지털 아이템이 업로드됩니다. 창작자는 디지털 아이템 자체와 업그레이드 판매를 통해 평균 1만 달러 정도의 수익을 올리고 있고, 이 중 10대 게임 창작자 일부는 백만장자가 되었습니다. 로블록스에는 월 1억 5,000만 명이 접속하며, 이들은 2021년 1분기에만 100억 시간을 소비했습니다. 매일 4,200만 명이 넘는 사용자가 로그인한 셈이지요. 또한, 사용자들은 아바타를 꾸미기 위해 가상화폐 로벅스Robux에 2021년 2분기에만 6억 7,000만 달러를 지불했습니다. 여기에 MZ 세대는 자신이 꾸민 아바타가 마음에 들면 실제로 해당 상품을 갖고 싶다는 구매 욕구를 느낍니다. 그래서 체험형 마케팅 수단인 메타버스에서 편리하게 쇼핑을 즐길 수 있는 환경까지 누리고자 하죠. 여기서 파생하는 경제 또한 어마어마할 것입니다.

'로벅스'라는 가상화폐가 현금화되었다는 건 메타버스 시장의 성장에 매우 중요한 요소입니다. 그리고 메타버스 플랫폼에서 거래되는 가상화폐가 현금화될 수 있었던 건 '블록체인' 기술 덕분입니다. 가상화폐의 거래를 누구나 열람할 수 있는 장부에 기록함으로써 투명하고 추적이 가능한 형태로 보여주는 것이죠. 여기서 가상화폐는 신뢰성을 획득합니다. 요즘 가장 회자되는 NFT에 대한 이야기도 짚고 넘어가야 할 것 같습니다. NFT는 대체 불가능한 토큰으로 '희소성을 갖는 디지털 자산의 인증서'로 생각하면 됩니다. 블록체인 기술을 이용해 별도의 고유한 인식 값을 부여하는 것인데, 주로 그림과 영상 등 예술 콘텐츠에 사용됩니다. 그래서 자신의 예술작품을 디지털화해 판매하는 아티스트도 많아졌고, 유명인의 디지털 작품이 고가에 팔렸다는 기사도 심심찮게 보게 되었죠. 이렇게 가상화폐가 신뢰성을 갖고, 예술작품 등의 모든 디지털 창작물이 고유의 가치를 가지며 가상자산에 대한 관심이 높아졌습니다.

앞으로 가상자산은 메타버스 안에서 유용하게 쓰일 것이며, NFT는 자산을 거래할 수 있는 결제 수단으로 인정받을 수 있을 거로 예상됩니다.

Q7. 메타버스 비즈니스 중 가장 활발한 분야는 아무래도 문화·예술과 엔터테인먼트 사업인 것 같습니다. 버추얼 휴먼이나 가상 아이돌도 등장하고 있는데요. 구체적으로 어떻게 이용되고 있나요?

A. 코로나19로 사회적 거리 두기가 강화되고 비대면 문화가 자리 잡으며 메타버스 플랫폼에서 공연을 하거나 신곡을 발표하는 아티스트가 많아졌습니다. 포트나이트에서 열린 트래비스 스콧의 콘서트는 1,200만 뷰 이상의 조회 수를 기록했고, 제페토에서 열린 블랙핑크의 팬 사인회에는 4,600만 명이 모

였죠. 여기에서 파생하는 수익은 실로 대단합니다. 트래비스 스콧의 콘서트에서 판매한 굿즈는 2,000만 달러 이상의 수익을 올렸으니까요. 여기에 SM 엔터테인먼트는 걸그룹 에스파 4명의 멤버를 아바타화해 가상의 세계에서도 활동하게 했습니다. 실제 멤버의 데이터를 기반으로 한 AI 아바타가 가상과 현실을 넘나들며 공연을 하고 소통할 수 있죠. 이러한 행보는 팬덤 문화를 생성한 MZ 세대에게 매력적입니다. 풍성한 스토리텔링과 퍼포먼스가 가능하기 때문입니다. 기업 입장에서는 다양한 수익 모델을 창출할 수도 있습니다.

버추얼 휴먼의 모델 활동도 두드러집니다. 싸이더스 스튜디오 엑스의 버추얼 인플루언서 로지Rozy는 현재 10만 명 이상의 인스타그램 팔로워, 신한라이프 유튜브 광고는 974만 회의 조회 수를 기록했습니다. 미국의 한 시장조사 업체에 따르면, 버추얼 인플루언서 시장은 2022년 150억 달러로 성장할 전망입니다.

그렇다면 왜 기업은 마케팅에 버추얼 인플루언서를 활용할까요? 버추얼 휴먼은 고도화된 인간의 페르소나라고 볼 수 있습니다. 물리적 이질감이 거의 느껴지지 않는 정도에 다다라

인간과 매우 흡사해 투영이 가능합니다. 그런데 흥미로운 것은 버추얼 인플루언서가 사람은 아니라는 것입니다. 학교 폭력과 같은 도덕적 문제를 일으키지 않고, 기업이 원하는 이미지를 부여해 24시간 활동하게 할 수 있죠. 게다가 성형 수술이나 트레이닝 비용도 들지 않습니다. 기업의 입장에서는 많은 비용을 절감할 수 있죠. 앞으로도 많은 버추얼 인플루언서가 개발되고 활용될 예정입니다.

Q8. 메타버스가 전 산업, 전 기술로 확장될 것으로 예상되는데, 취업 준비생은 구체적으로 어느 분야를 준비하면 좋을까요? 메타버스의 전도유망한 일자리에 대해 알려주세요.

A. 2017년 다보스 포럼은 "전 세계 7세 아이들 중 65%는 지금 없는 직업을 가질 것"이라고 하며, 향후 5년 내 사무직의 일자리가 710만 개 줄고 대신 데이터 분석 등의 컴퓨터 관련 일자리 210만 개가 새로 만들어질 걸로 내다보았습니다. 그리고 그날의 연사에서 IBM의 CEO 지니 로메티Ginni Rometty는 '뉴 칼라의 탄생'에 관해 이야기했습니다. 뉴 칼라란 새로운

것을 창조하고 연구하는 능력이 뛰어난 계층으로 IT 산업에 능한 인재를 말합니다. 지금껏 블루칼라와 화이트칼라의 노동력 시장이 형성되었다면 앞으로는 새로운 계층인 뉴 칼라가 선도하게 되겠지요. 뉴 칼라 인재 양성을 위해 국가와 민간에서도 힘쓰고 있는 실정입니다. 서울시 교육청은 4차 산업혁명의 핵심 기술로 '빅데이터, AI, 사물 인터넷, VR'을 꼽아 39개 학과를 신설했으며, 특성화고등학교도 시대 흐름을 반영한 교육 과정으로 개편했습니다. 또한, IBM은 우리나라를 비롯한 28개국에서 241개의 P-TECH 학교를 통해 인재를 개발하고 있습니다. 지금 아이들이 코딩 교육에 열의를 보이는 것도 이 때문이라고 생각됩니다.

제가 생각하는 가장 전도유망한 분야는 메타버스를 제작하는 데 사용되는 개발 플랫폼 분야입니다. 특히, 유니티와 언리얼 플랫폼은 건설, 엔지니어링, 자동차 설계, 자율 주행 등 다양한 분야에 사용될 계획이며 개발자 생태계 또한 구축되고 있는 모양새입니다. 실제로 2004년에 설립된 유니티는 스마트폰 모바일 게임의 절반 정도를 제작하고 있으며, 언리얼은 리니지 2M, 넥슨의 V4, 카트라이더 드리프트 개발 등에 참여했죠. 유니티의 CEO 존 리치텔로John Riccitiello는 현재 50만 명 이상의 학생이 유니티에서 3D 제작을 공부하고 있다며, 앞으로 수많은 개발자가 생태계가 형성될 거라 예측했습니다. 구체적으로 추천하자면, 5G 기반의 VR, AR 실감형 콘텐츠 개발 분야입니다.

미래형 인재가 되기 위해서는 4차 산업혁명에 대한 이해와 관심이 필요합니다. 로봇, 바이오, 연결, 에너지, 안전, 놀이, 건강, 디자인 분야 등 전반의 사업이 결국 메타버스 플랫폼을 사용하게 될 것이므로 자신의 적성을 알고 기술과 융합될 수 있는 지점을 찾아 변화의 파도에 올라타시길 바랍니다.

Q9. 메타버스도 인간이 활동하는 공간인 만큼 피할 수 없는 것이 윤리적 문제인 것 같습니다. 메타버스 플랫폼에서 발생할 수 있는 윤리적 이슈와 해결점에 대해 이야기해 주세요.

A. 메타버스 플랫폼에서는 현실과 같은 유형이지만 사법권을 적용시킬 기준이 마련되지 않아 제재하지 못하는 범죄도 많이 발생할 거로 보입니다. 인간의 기본권과 잊힐 권리에 대한 침

해, 지적 재산권 침해, 기술 발달로 인한 범 분야 문제가 발생할 수 있습니다. 디지털 세상에서의 폭력, 성범죄, 사기, 과도한 정보 수집으로 인한 프라이버시 침해 등 말이죠. 게다가 메타버스에 과도하게 몰입하면 현실 세계의 나와 가상세계의 나의 괴리감을 느낄 수 있습니다.

우선 지적 재산권 침해 문제에는 저작권, 상표권, 아바타의 퍼블리시권 인정 문제가 해당됩니다. 메타버스 사용자는 모두 소비자임과 동시에 창작자입니다. 그 때문에 사용자가 창작하고 개발한 콘텐츠는 저작권이 부여되어야 하는데, 조금 복잡한 법적 분쟁이 일어나기도 합니다. 예를 들어, 구찌가 아이템을 공개한 지 열흘 만에 구찌 IP를 활용한 2차 콘텐츠가 40만 개 이상 생성된 일이 있습니다. 통상적으로 로블록스나 제페토와 같은 메타버스 플랫폼에서는 사용자들이 만든 창작물에 대한 저작권은 사용자가 가지며, 그 창작물의 '사용'이나 '서비스'에 대해서는 메타버스 운영자들이 포괄적으로 라이선스를 부여받는 것으로 정하고 있지만 여전히 사소한 분쟁들이 많죠.

그 외에 딥페이크 기술을 이용한 성희롱 문제, VR과 AR 기술의 발달 자체에서 파생하는 문제 등 다양합니다. 이러한 문제에 대응하기 위해 최근 EU는 AI 윤리 가이드라인을 제정하고, 우리나라는 민간 자율 규제를 중심으로 AI 윤리 기준을 제정하고 있습니다. 기술 발전을 저해하지 않는 수준의 규제를 마련해야 할 것입니다.

Q10. 메타버스로 인해 사회는 어떤 변화를 맞이하게 될 거라 보시나요?

A. 메타버스는 변화의 주역이 될 거라고 생각합니다. 지금까지는 존재하지 않았던 새로운 일자리가 창출되고, 누구나 크리에이터가 되어 재화를 생산하고, 전 세대가 메타버스를 활용해 더 나은 삶을 살았으면 좋겠습니다. 가장 바람직한 건 이러한 변화로 플랫폼이 진화하는 선순환 구조에 들어서는 것이죠.

저도 메타버스 플랫폼을 제작하고 운영하는 사업가로서 메타버스가 미래를 긍정적으로 만들 것이라 기대하고 있습니다. 제 메타버스 가상 관광 플랫폼 '메타라이브'를 활용해 가보지 못한 나라를 여행하고, 겪어 보지 못한 과거를 탐험하고, 시공간을 초월한 세계를 체험하고, 정신적 힐링과 치료가 필요한 분들은 언제든 제가 구축한 가상세계에 들어와 안정을 느끼시면 좋겠습니다.

제가 하는 사업 분야뿐 아니라 전 산업에 메타버스가 활용될 것입니다. 의료 분야에서는 가상 수술로 의과 대학생들을 교육하기도 하고 디지털 치료제로 환자의 고통을 경감시키고 재활을 도울 것입니다. 가상자산 분야는 창작자의 재산권의 보호하는 기술을 더욱 발전시킬 것이며 이로 인해 예술 시장은 활력을 얻을 것입니다. 이동통신사와 마케팅 분야도 다양한 수익이 기대됩니다.

앞서 말했듯이, IBM의 CEO 지니 로메티는 2017년 다보스 포럼에서 '뉴 칼라'의 등장을 이야기했습니다. 기존의 블루칼라와 화이트칼라 체계가 무너지고, 4차 산업혁명에 맞추어 새로운 것을 창조하고 연구하는 능력이 뛰어난 계급이 생겨날 거라고 말이죠. 뉴 칼라는 새로운 계급입니다. 지금껏 개인의 교육 수준이 계급을 결정했다면, 앞으로는 실무 능력이 뛰어난 사람이 인정받을 것입니다. 또한 메타버스가 일상화한 세상에서는 다양한 유형의 경제가 생성되어 막대한 부가 가치를 창출하게 될 것입니다.

글로벌 VR·AR 시장이 폭발적으로 성장하여 VR·AR 하드웨어의 대중화 및 메타버스 플랫폼의 확장이 우리 삶에 스며들 것으로 기대된다.《메타버스 골드러시》는 5G 연계 첨단 ICT 기술과 디지털 트랜스포메이션을 선도하는 ㈜오썸피아 민문호 대표의 감각과 노하우가 담긴 책으로 초연결 시대의 메타버스를 미리 경험할 수 있을 것이다.

_VR콘텐츠산업협회 회장 홍철운

메타버스와 인공지능 모두 인간을 위한 기술이다. 하지만 메타버스 세상에도 윤리적 문제는 발생한다. 이 책은 메타버스의 기술적 측면뿐만 아니라 윤리적 이슈까지 확장하여 진정한 메타버스 세상을 모색하고 있다.

_한국인공지능윤리협회 이사장 전창배

메타버스는 4차 산업혁명 및 글로벌 디지털 트랜스포메이션 과정에서 기대되는 메가트렌드이다. 가상세계와 현실 세계를 연결하는 혁신적인 플랫폼 기술로서 공공인프라, 산업, 문화 등 사회 전반에 큰 변화를 가져올 것이다. 메타버스 비즈니스 CEO가 전하는 이 책을 통해 도래하는 메타버스 시대를 미리 경험하자.

_세종로국정포럼 이사장 박승주

정말로 메타버스 분야의 바이블과 같은 책이 나왔다. 코로나 팬데믹으로 급부상한 메타버스에 대해 조금만 지식이 있어도 너도나도 전문가임을 자청하는 이때, 메타버스 분야의 국내 최고 권위자이자 이론과 실무를 겸비한 ㈜오썸피아 민문호 대표님이 이 책을 출간함을 매우 기쁘게 생각한다. 우리 학회도 민문호 대표님의 권유로 진즉 메타버스에 관심을 갖고 여러 차례 메타버스에 대한 특별 세미나를 개최했다. 우리 학회를 메타버스에 선구적인 학회로 이끌어 주신 민문호 대표님께 감사함을 전하며, 《메타버스 골드러시》 출간을 진심으로 축하한다. 독자 여러분께도 적극 추천한다.

_한국매거진미디어융합학회 회장 이용준

학창 시절을 함께 보낸 친구와 선후배를 찾아주는 동창회 신드롬을 일으켰던 '아이러브스쿨'은 초창기 1세대 메타버스 서비스라고 볼 수 있다. 그리고 최근 AI, 블록체인, 가상자산, AR·VR·MR 등의 기술의 발달로 급성장한 메타버스 플랫폼은 현실과 가상이 혼재된 새로운 세상을 다시 열어 가고 있다. 이 책 《메타버스 골드러시》는 블록체인에 기반한 메타버스 세상에서 디지털 아이템을 사고팔고 소유하는 방식과 더불어 메타버스 콘텐츠 아이템 생산 경제라는 새로운 산업의 탄생을 소개한다. 다양한 비즈니스와 일자리가 창출될 미래 세계에서 기회를 얻기를 바란다.

_전 아이러브스쿨 CTO, 현 ㈜텐스페이스 대표 고진석

메타버스는 우리의 일상이면서 미래다. 이 책 《메타버스 골드러시》를 통해 미래를 엿볼 수 있기를 바란다.

_변호사 이조로

인류의 역사는 신대륙의 역사이기도 하다. 그리고 메타버스는 가장 가까운 곳에 있는 신대륙이다! 머지않아 우리는 그곳에서 인공지능이 장착된 우리의 아바타와 함께, 또는 그들을 우리 대신 일하게 하여 소득을 발생시킬 것이다. 이 책을 통해 가까운 미래를 준비하길 바란다.

_고려대학교 기술경영전문대학원 겸임교수 송인규

이 책에는 관광의 미래를 이끌어갈 경영자들이 알아야 할 '메타버스 관광'의 미래가 담겨 있다.

_경희대학교 호텔관광대학 교수 윤지환

코로나 팬데믹 이후 비대면 진료와 원격 진료가 필요한 시대가 되었다. 메타버스는 의료 분야와 접목하여 디지털 치료제의 영역을 확장해 줄 것으로 생각하며, ㈜오썸피아와 우리 개방형 실험실이 의료 분야에서 4차 산업혁명에 앞장섰으면 하는 바람이다.

_고려대학교 구로병원 개방형 실험실 단장 송해룡

메타버스, 또 하나의 천지창조

지난 16년간 메타버스를 연구해 온 이인화 전 이화여대 교수는 "사람들은 메타버스에 있고, 살고 싶은 것이 아니라 다른 사람들과 함께 있고 싶은 것이다."라는 화두를 던졌다. 실제 공간에서든 가상공간에서든 인간은 홀로 존재할 수 없다는 의미로, 인간의 특성을 가장 잘 표현한 말이자, 메타버스에 왜 접속할 수밖에 없는지에 대한 명쾌한 해석이다.

사실 메타버스는 아날로그의 실제 공간과는 다르게 공간적으로 확장될 뿐 아니라 시간적으로도 무한히 확장된다. 따라서 시공간을 초월한 문화 관광을 테마로 한 '메타버스 여행'은 디지털 미디어가 등장한 이후 인간의 오랜 꿈이라고 할 수 있다. 단테의 '신곡'도 중세 유럽인들이 꿈꾸어 왔던 가상공간으로의 여행으로 볼 수 있다. 그리고 우리는 이제 고대, 중세, 근현대로의 시간과 공간을 여행할 수 있는 개인 맞춤형 관람이 가능한 시대에 살게 되었다.

요즘 메타버스는 가상 전시나 홍보의 수준을 넘어 사용자가 자신만의 독특한 아바타를 만들어 메타버스 공간에 살면서 다른 이들과 상호 작용을 하고 가상 재화를 소유하고 매매할 수 있는 본격적인 디지털 경제 공간으로의 발전 단계에 이르렀다. 메타버스는 단순한 VR와 AR 그리고 XR과는 다르다. 가상공간에서 나날이 성장하고 인류가 꿈꾸어 온 우주적인 생태계를 통해 지속적으로 콘텐츠를 만들 수 있는 플랫폼이자 서비스다. 그리고 메타버스는 현실 세계에서 벗어나 가상의 공유 공간을 구축하는 것을 목표로 하면서 때로는 기존 VR, AR, MR, XR 및 컴퓨터 인터페이스 기술과도 통합되고 있다. 충분히 현실적이지만 현실을 뛰어넘는 것이 바로 메타버스인 것이다. 이런 메타버스는 현실 공간을 확장하고, 사람들이 메타버스에 자유롭게 접근할 수 있도록 하며, 메타버스 속에서 디지털 번영을 구가하고자 한다.

최근 2년간 코로나19 바이러스의 출현은 인류에게 크나 큰

위기였다. 그러나 또 다른 시각으로 보면 디지털 가상공간의 확장이라는 기회를 낳았다. 인류가 함께 공존하는 시대를 만들어 나갈 절호의 기회인 셈이다. 특히 1억 명이 넘는 코로나 환자와 1천여 명에 이르는 사망자를 내는 작금의 현실에서 가상공간 비즈니스는 더 가속화될 것이다. 그리고 그중 가장 떠오르는 콘텐츠가 '메타버스 가상 관광'이다. 우리는 2019년 이후에 전 지구를 돌아다닐 자유를 박탈당했다. 이제 더는 자유롭게 세상을 돌아다닐 수 없을 것이다.

따라서 포스트 코로나 시대를 맞이해 메타버스 기술을 더욱 다채롭고 공격적으로 이용할 수 있도록 해야 한다. 메타버스 관광 산업에 대한 도전은 끊임없이 이루어져야 하며, 인류가 메타버스를 통해 코로나에 대한 두려움을 극복했으면 한다. 코로나는 인류의 재앙이지만 메타버스는 인류의 축복이다.

문화재디지털복원가 박진호

| 차 례 |

PART 2

METAVERSE ARCHIVE
과거와 메타버스

PART 3

METAVERSE OF THE FUTURE
미래와 메타버스

PART 4

EVERYTHING ABOUT METAVERSE BUSINESS
메타버스 비즈니스의 모든 것

PART 5

ETHICAL ISSUES & COEXISTENCE
메타버스의 윤리적 이슈와 공존

지난달, 손꼽아 기다리던 부동산 거래 플랫폼 '메타렉스'에서 운 좋게 경복궁 부근의 부지를 구매했다. 그리고 이번 달에는 '메타라이브' 플랫폼에 내 건물이 올라왔다. 내 건물에서는 경복궁이 한눈에 내려다보인다. 평생의 소원이 한양도성 부근에 건물을 마련하는 것인데 드디어 그 꿈을 이룬 것이다. 이제부터 내 건물에 내·외국인을 대상으로 한 임대 사업을 펼쳐 볼 생각이다. 물론 물리적 지구가 아닌 디지털 지구, 즉 메타버스 공간에서 펼쳐질 일들이다. 그리고 중요한 건, 단순 소비가 아니라 크리에이터 이코노미 생태계가 만들어진다는 것이다.

2020년 10월 개발자 회의에서, 엔비디아 CEO 젠슨 황은 "앞으로의 20년은 SF와 다를 바 없을 것이며, 메타버스의 시대가 오고 있다."라고 언급했다. 그 이후 우리나라에서도 메타버스 열풍이 불고 있기는 하나 아직은 공공기관 및 각 기업의 메타버스 플랫폼 내에서 이벤트 위주로 사용하고 있는 초기 단계 수준이다. 그러나 많은 대기업이 메타버스에 관심을 보이고 있고, 메타버스 플랫폼으로 실제 업무에 접근하고자 하는 니즈가 있다는 게 무척 고무적인 일이다. 또한 문화 콘텐츠와 IT 강국인 우리나라가 주축이 되어 앞으로 메타버스 플랫폼 개발 및 콘텐츠 개발 등 수많은 비즈니스 모델을 만들어 나갈 수 있으리라 기대된다.

2021년 9월, 넷플릭스를 통해 방영된 K-드라마 〈오징어 게임〉은 전 세계 90여 개국에서 시청률 1위에 랭크되는 쾌거를 이루었다. 공개 26일 만에 1억 가구 이상이 시청해 넷플릭스 시리즈 역대 최다 시청 드라마에 등극한 것이다. 참고로 2019년 넷플릭스 CEO 리드 헤이스팅스는 넷플릭스의 경쟁자로 '디즈니'가 아닌 '포트나이트'를 꼽았다. 포트나이트는 미국의 '에픽게임즈'라는 회사가 운영하는 메타버스 게임 플랫폼으로, 우리나라의 아이돌 BTS가 안무 뮤직비디오를 공개한 곳이기도 하다. 이렇게 전 세계를 떠들썩하게 할 정도의 영향력을 보유한 넷플릭스도 이미 메타버스의 미래 가치를 인정하고 있다.

그러나 이번 〈오징어 게임〉의 흥행에 발맞춰, 드라마 내의 한류 문화 요소를 체험하고 커머스까지 연결할 수 있는 전용 플랫폼이 없다는 건 아쉽다. 전용 플랫폼이 있었다면 효율적으로 수익을 창출할 수 있었을 것이다. 현재 우리나라 대표 빅테크 기업 네이버의 자회사가 운영하는 메타버스 플랫폼 '제페토'가 사용자 수 2억 명으로 '포트나이트'의 뒤를 잇고는 있다. 그러나 대기업의 특성상 기동성 있는 콘텐츠 개발 및 운영에는 한계가 있을 것이다. 그런 차원에서 대기업의 전유물이 되어 버린 메타버스 플랫폼 비즈니스를 앞으로는 신속하고 기동성 있는 콘텐츠 개발 능력의 이점을 살릴 수 있는 중소 벤처기업이 기회를 잡았으면 한다.

인간과 시공간이라는 물리적 한계를 넘어 그 속에서 상호 융합 및 공진화하게 될 메타버스 글로벌 시장! 지금까지 계속 관망만 해 왔다면, 이제는 마지막 기회가 될 메타버스에 과감히 탑승하길 바란다. 앞으로 AR·VR 등 XR 기반의 기업들과 AI, 블록체인 기업들이 힘을 합쳐 지속적으로 메타버스 기술 개발을 이끌어가야 할 것이다.

정부에서도 향후 5년간 2.6조 원의 메타버스 관련 예산을 단계적으로 집행할 것이라 한다. 즉, 민간의 주도하에 정부가 전폭적으로 예산을 지원하는 이상적인 그림이 그려질 것으로 보인다. 2030년 1,700조 원의 글로벌 메타버스 시장의 주인공은 과연 누가 될 것인가? 현재로서는 예측이 불가하지만, 문화와 IT 강국 대한민국이 그 주인공이 되었으면 하는 바람이다. 그리고 나도 함께할 것이다.

민문호

PART 1

METAVERSE IS COMING

현재와 메타버스

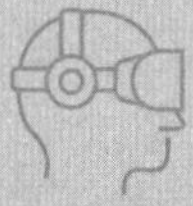

메타버스의 등장

메타버스란 무엇일까? 수많은 뉴스와 미디어를 통해 메타버스에 대해 많이 들어 보았을 테지만 단어를 풀어 보자면 메타Meta는 '초월'이고, 유니버스Universe는 '우주'다. 가상과 현실이 상호 작용하고 그 속에서 사회·경제·문화 활동을 하며 가

:: 메타버스의 정의 ::

치를 창출하는 세상을 뜻한다. 기술적으로는 XR기반의 데이터 네트워크 AI가 융합 및 진화했다고 보면 되며, 한마디로 디지털화된 지구를 말한다. 여기에 내 나름대로 정의하자면, '시공간을 디자인하고 상호 작용 및 공진화하는 개념'이라고 말하고 싶다.

메타버스는 언제 등장한 개념일까? 메타버스는 1992년 《스노 크래시》라는 공상 과학 소설에 기인한다. 평범한 피자 배달부 히로가 가상의 세상에서 현실 세계를 구한다는 내용으로, '메타버스'라는 용어가 나오기까지 한다. 30여 년 전에 메타버스 개념이 나왔다니 신기하기만 하다. 다음은 1999년 영화 〈매트릭스 The Matrix〉다. 당시 최고 흥행작으로 AI로 인해 기억이 삭제되어 가상의 세계에서 살아가는 인간들을 구원하기 위한 영웅의 사투를 그린 영화다. 2018년 스티븐 스필버그의 〈레디 플레이어 원 Ready Player One〉도 언급할 만하다. 흥행 성적은 저조했지만 많은 메타버스 전문가가 추천하는 영화이며, 이 영화에 나오는 기술의 절반 정도가 현재 구현 가능하다는 점에서 의미가 있다. 스티븐 스필버그의 문화적 이해도가 높다는 건 말할 것도 없지만, 기술적 이해도가 높다는 점도 높이 평가하고 싶다. 최근의 영화로는 〈아바타 Avatar〉를 꼽을 수 있다. 모두 메타버스를 이해하는 데 좋은 마중물이 되어 줄 매체다.

넷플릭스의 CEO 리드 헤이스팅스Wilmot Reed Hastings는 투자자들에게 보낸 서한에 '넷플릭스의 경쟁자는 월트 디즈니가 아닌 포트나이트이다'라고 밝힌 바 있다. 경쟁자를 영상 매체가 아닌 게임 기반의 메타버스 기업을 꼽은 이유는, 앞으로 성공의 열쇠는 사용자의 시간을 쟁취해 사용자의 이용 시간 규모를 키우는 거라고 내다보았기 때문이다. 즉, 기업은 영상이든 게임이든 방송이든 자신의 매체에 사용자가 많은 시간을 쏟고 소비하게 만들어야 한다.

그렇다면 이전에도 존재했던 메타버스의 개념이 이토록 화제가 된 이유는 무엇일까? 바로 엔비디아NVIDIA의 CEO 젠슨 황의 발언 때문이다. 젠슨 황은 '메타버스 세상이 오고 있다'라며 메타버스는 인터넷의 뒤를 잇는 가상공간이 될 것이며, 메타버스 경제는 물리적 세계 경제보다 더 커질 것이라고 예측했다. 그리고 주간지 〈이코노미스트〉는 이를 인용해 메타버스를 알렸다. 우리나라에서는 강원대학교 김상균 교수의 《메타버스 새로운 기회》라는 책으로 화제가 되었는데, 나 또한 기술적으로나 트렌드를 보았을 때 메타버스가 단순한 마케팅을 위한 개념은 아니라고 생각한다.

혹자는 메타버스가 이전에도 있었던 용어이며, 마케팅을 위해 사용된 개념이라 말하기도 한다. 젠슨 황이 메타버스 기술에 쓰일 반도체 칩셋을 개발하는 걸 보면 분명히 마케팅적 요소가 있기는 할 것이다. 그러나 이러한 트렌드만으로 글로벌 기업이 비즈니스에 뛰어들고 엄청난 이슈가 되리라고는 생각하지 않는다. 코로나19로 비대면 문화에 빠르게 진입한 지금 많은 기업이 메타버스를 활용해 사업을 확장하고 있다. 나는 메타버스를 지속 가능한 기술이자 개념이라고 생각한다.

메타버스의 발전을 위한 4대 요소

앞서 넷플릭스의 최대 경쟁자는 포트나이트라고 했다. 많은 투자를 받고 많은 매출을 일으키는 것이 전통적인 성공의 요소였다면 이제는 그렇지 않을 거라는 의미다. 전통적인 경쟁 구도는 이미 무너지고 있다. 그렇다면 메타버스의 방향성을 논하기 위해 포트나이트를 비롯한 메타버스 플랫폼의 동향에 대해 살펴보자.

메타버스 플랫폼으로는 세컨드 라이프의 부활을 꿈꾸는 포트나이트, 로블록스, 마인크래프트 등의 게임과 가상공간에서 다양한 경험을 할 수 있게 하는 네이버의 '제페토', SK텔레콤의 '이프랜드', 게더의 '게더 타운' 등이 있다. 모두 화질과 속도, 디바이스의 기술적 성장으로 메타버스 XR 상용화에 성공하고, 5G 통신 기술과 컴퓨터 파워, 클라우드의 기술이 향상되어 스마트폰이 컴퓨터 수준으로 성장하며 이루어진 결과물이다. 여기에 구글, 마이크로소프트, 메타META, 구 페이스북, 아마존, 엔비디아 등 글로벌 IT 기업도 포스트 코로나 시대의 비즈니스를 위해 앞다퉈 진출하고 있는 실정이다. 이런 메타버스 플랫폼이 지속적으로 성장하기 위해서는 다음과 같은 요소가 필요하다.

첫째, 가상의 사건이 현실에 영향을 미쳐야 한다. 예를 들어, 메타버스 환경에서 강의를 들었다면 현실에서 학점으로 인정이 되어야 한다. 가장 기본적인 요소다.

둘째, 완벽한 경제 체제를 구축해야 한다. 메타버스 환경 내에서 직업이 있고, 실제로 수익을 내야 한다는 말이다. 물론, 안에서만 벌어들이는 수익은 수익이 아니다. 수익을 환전해서 현실로 가져와야 한다. 그래서 가상자산이 중요하다(정부에서 가상화폐에 대해 인정하지 않았기 때문에 '가상자산'으로 칭한다).

셋째, 물리적 이질감이 없어야 한다. 가상공간의 활용이 주춤한 이유는 물리적 이질감 때문이다. 가상공간에서 게임을 하는데 실제로 내 몸에 충격이 없다면? 현실감이 없어 제대로 된 메타버스 게임을 즐길 수 없을 것이다. 그래서 개발된 게 VR 모션 수트다.

햅틱 기능이 탑재되어 있어 게임의 몰입도가 올라간다. 아직은 초기 단계라 가격이나 기술적인 측면에서 부족하기는 하지만 우리나라의 경우 각 대학교에서 꾸준히 기술 연구 중에 있다. 조금 더 상상하자면, 햅틱 기술이 탑재된 디바이스를 착용하고 메타버스 플랫폼에서 열린 좋아하는 가수의 공연에 참여한다고 생각해 보라. 실제로 악수하는 느낌이 나면 좋을 것 같다. 촉각 외에 미각과 후각 구현 기술도 여러 글로벌 기업에서 개발 중에 있으며 기술적 진보에 의미가 있다.

넷째, 방대한 데이터를 실시간으로 전송하는 기술이 있어야 한다. 그래야 물리적으로 멀리 떨어진 사람들이 한 공간에 모여 의사소통을 하고 경제 체제를 구축할 수 있다. 클라우드와 네트워크 영역이 이에 해당하는데 아직 활성화한 단계는 아니지만 초기 단계는 넘어섰다고 본다.

정리하자면, 가상과 현실의 꾸준한 상호 작용과 완벽한 경제 체계 구축, 물리적 이질감의 제거, 방대한 데이터 전송 기술은 지속 가능한 메타버스 환경을 만드는 필수 요소가 될 것이다.

간혹 《스노 크래시》를 통해 1992년에 언급된 메타버스가 왜 이제야 이슈가 되는지 묻는 사람이 있다. 그러나 그때의 메타버스는 태동에 불과하다. 상상의 영역이었지 기술적으로는 불가능했다. 사용자가 조금 더 들어오면 렉이 걸리는 게임을 생각해 보라. 얼마나 짜증이 나는가? 1992년에 처음 언급된 메타버스는 현재 어느 정도 기술적 기반이 만들어진 상태다. 앞으로 더 많이 회자되고 더 많이 사용될 것으로 보인다.

메타버스 글로벌 시장의 규모

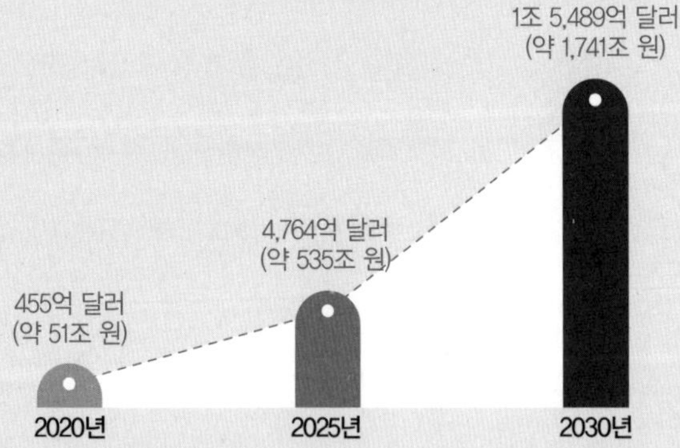

시장조사 기관 스트래티지 애널리틱스 Strategy Analytics에 따르면 메타버스 시장 규모는 2020년 50조 원으로, 2023년에는 535조 원 이상 2030년에는 1,700조 원 이상으로 예상한다. 코로나19로 비대면 사회로의 진입이 빨라지며 MZ 세대를 중심으로 메타버스가 새로운 플랫폼으로 주목받았기 때문이다. 구체적으로 SNS의 대표 주자인 페이스북은 '메타'로 회사명을 바꾸며 메타버스 분야로 사업을 전환하겠다고 발표했고, AWS 아마존웹 서비스는 메타버스 서비스를 위한 서버와 저장 장치, 네트워크를 구축했으며 마이크로소프트는 메타버스에 접속하기 위한 디바이스인 '홀로렌즈' 등을 개발하고 있다. 그 외 구글과 카카오는 지도에 정보를 추가해 확장 세계를 표현하는 기술에, 네이버와 로블록스는 가상세계 구축에 힘쓰고 있다. 또한 우리나라는 국가 산업 경쟁력을 위해 메타버스 관련 예산으로 2.6조 원을 신규 편성했다.

메타버스를 구성하는 주요 기술

메타버스는 구체적으로 어떤 기술로 이루어져 있으며, 앞으로 어떤 분야의 기술이 메타버스의 주축이 될까?

미국의 비영리기술연구단체 ASF에서 2007년 발표한 메타버스의 범주에 대한 정의에 따르면, 메타버스는 가상현실, 증강현

:: 메타버스의 4가지 유형 ::

가상현실 Virtual Reality	현실과 유사하거나 완전히 다른 대안적 세계, 디지털 데이터로 구축
증강현실 Augmented Reality	3차원의 가상 사물을 겹쳐서 영상으로 보여 주는 기술
라이프 로깅 Life Logging	사물과 사람의 경험과 정보를 캡처, 저장, 묘사하는 기술
거울 세계 Mirror world	실제 세계를 사실적으로 묘사하고 정보적으로 확장한 세계

실, 라이프 로깅Life Logging, 거울 세계Mirror world'로 이루어져 있다.

가상현실 유형은 디지털 데이터로 구축된 3차원의 세계에서 아바타로 상호 작용할 수 있는 기술로, 로블록스와 제페토가 대표적이다. 그리고 증강현실 유형은 현실 공간에 2D 또는 3D 그래픽으로 구현한 가상 이미지를 겹쳐 보이게 만들어 상호 작용이 가능한 환경이다. '포켓몬 GO' 게임이 이에 해당한다. 라이프 로깅은 시공간의 제약 없이 일상의 경험이나 정보 등을 웹 공간에 기록하는 활동이다. 트위터나 인스타그램 등의 SNS가 라이프 로깅 유형이라고 보면 된다. 거울 세계 유형은 현실 세계의 모습과 정보 등을 최대한 사실적으로 반영해 정보를 확장한 가상세계이다. 구글 어스, 네이버와 카카오 지도 등이 이에 해당한다.

구분	가상 콘텐츠	현실 세계	상호 작용성
VR	High	Low	Middle
AR	Low	High	Middle
MR	Middle	High	High

*출처: 한국전자기술연구원, 유안타증권 리서치센터

이렇게 메타버스는 이전 월드와이드웹www이라는 표준 인터넷 세계를 벗어나 비즈니스 생태의 근본적인 변화를 일으키면서, 사람들의 라이프 스타일까지 변화시키고 있다. 엔비디아의 CEO

젠슨 황은 '메타버스는 인터넷 다음의 가상현실 공간이 될 것'이라며, 메타버스는 포스트 코로나 시대의 새로운 플랫폼으로서 현실 세계와 가상세계의 양방향 소통이 가능하고, 새로운 디지털 경험과 노동을 통한 시스템을 구축해 경제 활동의 패러다임이 될 거라고 내다보았다. 실제로 2007년에 발표된 메타버스의 기반이 되는 네 가지 기술이 14년이 지난 지금 어느 정도 구축된 걸로 보인다. 모든 영역이 융·복합되었다고 보면 좋을 것이다.

게임 산업을 예로 들어 보자. 이전에는 사용자가 1인칭 시점으로 혼자 즐기는 게임 방식이 주였다면, 지금은 소셜 기능이 강화된 플랫폼에서 모바일 기기를 이용해 크리에이터가 되어 즐기고 있다. 수동적인 소비자에 불과했던 사용자는 이제 주체적으로 메타버스 내에서 쇼핑을 즐기고 의료와 보건 서비스를 경험하며, 비대면 원격 교육을 받고 자동차 시승 및 쇼 케이스, 건설 현장을 구현해 다양한 문제를 해결하기도 하는 것이다. 이에 기업도 창의적인 소비자의 니즈에 따라 메타버스 생태계에서 경쟁력을 갖추는 선순환 구조를 이어 나간다.

현실 세계와 가상세계의 꾸준한 상호 작용이 가능하다면, 메타버스는 곧 현실 세계에 영향을 미칠 것이다. XR 헤드셋과 XR

모션 수트를 착용해 물리적 이질감을 해소하고, 가상화폐를 실제 화폐로 환전해 메타버스 내에서 영리 활동을 하는 세계. 반도체 기술의 발달로 방대한 데이터 처리가 가능한 세계를 꿈꿀 것이다.

중요한 것은 이런 메타버스 세상을 구축하기 위해서는 완전한 자유도 완전한 폐쇄형도 아닌 '오픈 월드'를 추구하는 것이다. 누구나 경제 활동이 가능하고 사용자들의 록 인Lock-In 효과가 나타나는 '크리에이터 이코노미', 자아의 표현 수단이자 메타버스 세상 속의 소통 매개체인 '아바타'가 작동해야 한다는 말이다.

디지털 휴먼이란 무엇인가

새로운 기술과 문물은 새로운 인간형을 창조한다. 3차 산업혁명으로 인해 노동형 인간이 탄생했다면, 디지털 시대에는 디지털 휴먼이 탄생한다. 그리고 메타버스 시대를 맞이한 우리는 이들과 함께 살아갈 것이다. 그렇다면 디지털 휴먼은 정확히 무엇이며, 인간은 이들과 어떤 관계를 형성하게 될 것인가?

디지털 휴먼이란 AI 챗봇과 최신 컴퓨터 그래픽 기술을 합쳐 만든 가상 인물로, 실제 인간처럼 생동감 있게 활동한다. 3D 기술로 인해 머리카락 한 올, 자극으로 인한 동공의 축소와 확장, 피부의 잔주름까지 인간과 닮아 있으며, AI 알고리즘과 빅데이터, 클라우드, 고성능 컴퓨터 등의 첨단 기술로 인해 24시간 365

일 활동이 가능하기까지 하다. 이런 디지털 휴먼은 현재 인플루언서, 아이돌, 브랜드 홍보 모델, 영업 사원, 컨설턴트 등으로 활동하고 있으며, 인간보다 더 기업과 고객의 니즈에 맞춘 소통을 하고 있다.

:: 대화형 AI 시장 규모 ::

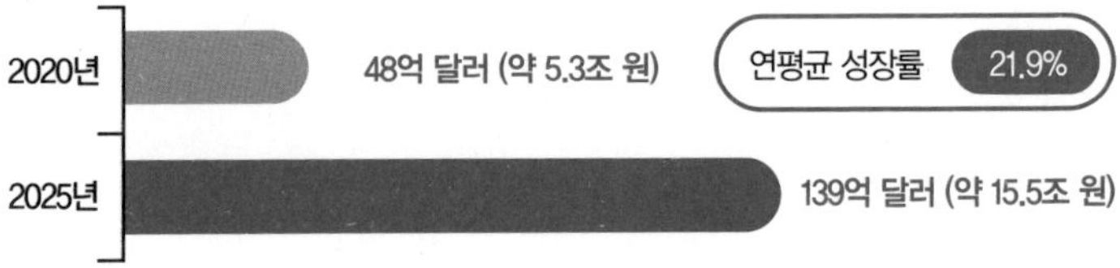

글로벌 시장조사기관 마켓 앤드 마켓markets and markets에 따르면, 세계 대화형 AI 시장은 매년 약 21.9%씩 성장하여 2025년 139억 달러까지 커질 것이며, 미국 경제 매체 비즈니스 인사이더business insider는 디지털 휴먼에 집행하는 마케팅 비용이 2019년 80억 달러에서 2022년 150억 달러로 늘어날 것으로 전망했다.

D2C Digital human to Consumer 시대의 도래에 우리는 디지털 휴먼과 직접 소통하여 상품과 서비스를 구매한다. 예를 들어, P&G 디지털 뷰티 컨설턴트 유미Yumi는 고객이 피부에 대해 질문하면 그에 맞는 정보를 제공하며 자사의 신제품을 추천한다. 12개의 언

어로 고객이 원하면 언제든지 말이다. 영국의 이동통신사 보다폰Vodafone은 매장에 디지털 휴먼을 영업 사원으로 배치해 온라인 고객 채널을 최대치로 확장했고, 호주의 인터넷은행 유뱅크UBank에서는 디지털 휴먼 미아Mia가 담보 대출 상담과 금리 조건 등을 채팅으로 상담해 준다. 또한, WHO의 디지털 휴먼 플로렌스Florence는 올바른 건강과 질병 정보 등을 제공하는 보건 지도사 역할을 하고 있으며, 뉴질랜드의 에너지 기업 벡터Vector의 디지털 휴먼 윌Will은 오클랜드의 초등학생을 대상으로 지열과 태양열 등의 재생 가능한 에너지에 대해 교육하고, 디지털 휴먼 솔루션 기업 유니큐UNEEQ의 디지털 휴먼 카디액cardiac 코치는 심혈관 질환자의 건강, 치료, 식습관 등을 물으며 건강 관리를 돕는다.

나아가 디지털 휴먼은 연예인과 같은 버추얼 인플루언서나 플로렌스와 카디액 코치와 같은 인간을 돕는 지능형 보조 역할에서 벗어나 영화 〈그녀Her〉 속의 '사만다'처럼 인간과 구분이 되지 않는 AI 친구로까지 발전할 전망이다.

엔터테인먼트 기업의 버추얼 인플루언서 활용

‹‹‹‹‹‹‹‹

버추얼 인플루언서란 가상을 의미하는 단어 'Virtual'과 영향력을 행사하는 사람을 뜻하는 'Influencer'의 합성어로, 단순하게는 인스타그램이나 유튜브 등의 온라인 공간에서 활동하며 인기를 얻은 가상의 인간을 의미한다. 현재 200여 명의 버추얼 인플루언서가 활동하고 있으며, 기업은 이들에게 기업에 맞는 이미지와 대중에게 전달하고자 하는 메시지를 투영해 광고를 제작하고 음원과 NFT를 발매한다.

버추얼 인플루언서가 시작된 것은 최근은 아니다. 과거로 거슬러 올라가면 1996년 일본의 '호리프로'에서 제작한 사이버 가수 다테 교코가 있었고, 우리나라에는 1997년 사이버 가수 아담과 1998년 류시아가 있었다. 3D 아바타의 모습으로 가수로 활동했다.

:: 버추얼 유튜버 루이 ::

*출처: 디오비스튜디오, 유튜브 〈루이커버리 RuiCovery〉

그러나 현재의 버추얼 휴먼은 조금 다르다. 코로나19로 인해 촬영을 할 수 있는 공간이 한정되며 공간의 제약이 없는 다양한 콘텐츠를 만들 수 있는 버추얼 휴먼이 나타나고 있으며, SNS와 광고, 엔터테인먼트 산업 전반에서 활동한다.

실제로 영국의 사진작가 카메룬 제임스 윌슨이 제작한 디지털 모델 슈두shudu는 2018년 데뷔하여 발망, 티파니앤코, 삼성, 보그 등과 협업하였으며, '리그 오브 레전드' 게임 속의 4인조 가상 걸 그룹 K/DA는 음원 공개 후 미국 케이 팝 차트에서 1위를 기록했다. 신한라이프의 디지털 모델 로지는 인스타그램 팔로워만 10만 명을 넘어 광고계의 10억 소녀로 등극했다. 변치 않는 외모에 자유롭고 개성 넘치는 캐릭터로 가상과 현실을 넘나들어 국내뿐 아니라 해외에서도 주목받고 있다. 또한, 버추얼 유튜버 루이 Rui는 현재 '루이커버리'라는 유튜브 채널을 통해 팬들과 소통하고 있으며, LG전자의 버추얼 인플루언서 김래아는 청소년기를 런던에서 보낸 23세의 여성으로 설정된 캐릭터로 공식 인스타그램 계정 팔로워만 1만 3천여 명에 달한다. 이 외에 디즈니 캐릭터를 연상하게 하는 삼성전자의 샘 Sam은 틱톡, 레딧, SNS를 통해 팬들과 소통하고 있으며, 미국의 릴 미켈라 Lil miquela는 샤넬, 디젤, 몽클레어, 프라다 등의 패션 브랜드와 파트너십을 맺어 2020년 한 해에 1,170만 달러를 벌어들였다.

그렇다면 MZ 세대의 기호와 문화에 맞춰 만들어진 버추얼 인

:: **버추얼 인플루언서 로지** ::

*출처: 싸이더스 스튜디오 엑스

플루언서를 어떻게 분류할 수 있을까?

첫째는 사이버 캐릭터 형이다. 특정 인물에 구애받지 않는 창조형 캐릭터로 현실 세계의 멤버들과 AI로 만들어진 아바타가 동시에 데뷔한 걸그룹 에스파가 여기에 해당한다. 넓어진 세계관과 다양한 스토리텔링으로 여러 수익 모델을 만들 수 있다.

둘째는 휴먼 재현 형이다. 현실의 인간을 디지털화해 복제하는 형태다. 어깨 부상으로 2020 MAMA 행사에 불참한 BTS의 멤버 슈가가 가상으로 등장해 완성한 무대를 예로 들 수 있다.

셋째는 역사 인물 형이다. 흑백 사진만으로 기억되던 역사적 인물을 살아 숨 쉬게 만드는 AI 딥페이크Deepfake 기술이 적용된다. 모두 미래에는 진짜 사람처럼 행동하고 대화하는 AI 휴먼의 형태로 나타나겠지만 아직은 단순한 형태이다.

아바타 만들기 열풍

메타버스 세상에서는 내 자아를 또 다른 모습으로 발현할 수 있고, 다양한 경제 활동을 펼칠 수 있다. 이때 필요한 것이 소위 말하는 ‘부캐 부 캐릭터’이다. 주로 아바타가 이러한 역할을 하게 되며, 우리는 부 캐릭터화한 아바타로 확장된 공간에

:: AI 얼굴 인식 아바타 생성 예시 ::

서 활동하게 된다.

SM 엔터테인먼트의 '에스파'는 현실 멤버 4명과 디지털 멤버 4명으로 이루어진 걸그룹으로, 디지털 멤버는 모두 현실 멤버의 데이터로 만들어졌다. 그렇다면 메타버스 속의 가상 아이돌은 어떤 기술을 활용해 만들어지는가?

롤 게임 캐릭터로 구성된 K/DA는 게임 캐릭터를 기본으로 하되, 실제 인물의 움직임을 따는 모션 캡처 기술을 이용했다. 실제 인간의 움직임을 캐릭터에 심고, AR 기술로 무대를 꾸며 구현한 것이다. 에스파는 그 연장선으로 볼 수 있다. 내가 눈여겨보는 버추얼 휴먼은 버추얼 유튜버 '루이 리'이다. 딥 리얼 AI 기술로 7명의 얼굴 데이터로 만들어진 가상 인물로 얼굴 밑으로는 실제 사람이다. 현재 엔터테인먼트 기업에서는 버추얼 아이돌 제작이 한창이다. 싸이더스 스튜디오 엑스는 3인조 버추얼 아이돌을 제작 중이며 넷마블과 카카오는 K-팝 버추얼 아이돌 캐릭터를 개발하고 있다. 그 외에 AI 그래픽 전문 기업 플스나인이 제작한 AI 아이돌 '다인'의 솔로 데뷔곡은 유튜브 조회 수만 179만 회를 기록했다. 그렇다면 버추얼 아이돌의 장점은 무엇일까?

첫째, 팬덤 기반의 아이돌 콘텐츠를 풍성하게 만들 수 있다.

아이돌이 생성하는 콘텐츠는 노래와 춤, 공연만 있는 게 아니다. 멤버들을 캐릭터화해 스토리텔링 한 콘텐츠도 있다. 오래전 보이 그룹 엑소가 데뷔했을 때를 기억하는가? 멤버마다 판타지에서나 나올 법한 순간이동이나 빙결과 같은 초능력을 가지고 있다는 설정으로 데뷔했었다. 관심이 없는 사람에게는 황당한 설정으로 보이겠지만, 팬들은 엑소의 판타지적 세계관을 기반으로 2차 창작물과 굿즈를 만들었다. 팬덤이 아이돌 콘텐츠를 활용해 상업적 결과물을 만든 것이다. 에스파는 이러한 가상공간과 가상 캐릭터를 결합해 만들었다는 점에서 조금 더 자유로운 콘텐츠 활용이 가능하다.

둘째, 비용을 절감할 수 있다. 기본적으로 아이돌 제작에는 많은 돈이 든다. 장기 연습 비용, 성형 수술과 다이어트 비용, 외국어와 언론 대응 교육 등의 트레이닝 비용 등이 그것이다. 그러나 가상 아이돌은 이 모든 단계를 건너뛸 수 있으며, 만들어진 후에는 인간과 달리 24시간 일할 수도 있고, 나이도 들지 않는다. 아이돌이라면 피할 수 없는 인성 문제에서도 자유롭다. 많은 아이돌이 인성 문제로 말썽을 일으키지만 가상 아이돌은 그렇지 않다. 학교에 다닌 적이 없으니 학교폭력 물의를 일으킬 일도, 사람이 아니니 연애와 마약 스캔들을 일으킬 일도 없다.

이렇게 보면 버추얼 휴먼이 엔터테인먼트 산업에 많은 효율성을 주는 건 사실이다. 그러나 우려할 점도 있다. 루이 리처럼 사람들이 선호하는 얼굴을 표방하다 보면 외모지상주의가 심화하고 미의 획일화가 이루어질 수 있으며, 딥페이크 기술로 버추얼 인플루언서를 활용한 음란물이 만들어질 수도 있다. 사람에게만 부여되는 인격권과 초상권이 가상의 인간에게도 부여될 수 있는지에 대한 논의가 필요하다.

:: **버추얼 기술, 양날의 검** ::

장점

- 플랫폼 산업으로의 확장성이 용이하다.
- 인성 논란이나 스캔들 등의 논란에서 자유롭다.
- 별도의 트레이닝 비용이 들지 않는다.

단점

- 외모 지상주의가 강화할 수 있다.
- 딥페이크 기술로 음란물과 가짜 뉴스가 생성될 수 있다.

디지털 원주민 MZ 세대

디지털 휴먼은 MZ 세대의 기호와 문화에 맞춰 설계되고 활동한다. 그렇다면 MZ 세대의 특성은 무엇이며, 메타버스 산업과 구체적으로 어떻게 연결되는가?

기성세대는 아날로그 기기를 다루다가 디지털 기기를 학습한 존재다. '디지털 이주민'이라고 불리며, 통상 1980년 이전 출생자로 볼 수 있다. 업무와 실생활에 필요한 정보를 검색하고 활용하며 콘텐츠를 일방적으로 수용하는 특징이 있다.

반면, MZ 세대는 디지털 원주민으로 1980~2000년 사이에 태어난 세대를 일컬으며, 태어날 때부터 스마트폰과 컴퓨터 등에 노출되어 유·무선 디지털 기기 사용이 자유롭다. 또한, 페이스북, 인스타그램, 틱톡 등의 SNS를 통해 자신을 드러내며 다양한 콘텐츠를 생산한다. 온라인 게임에서 다른 이들과 소통하며 커뮤니티를 구축하고, 공동의 관심사를 공유하며 트렌트를 창출하는 능력이 탁월하다고 볼 수 있다. 또한, 자유와 개인의 취향을 중요시하며, 자신이 좋아하는 일에 성실함과 열정을 보이기도 한다. 이들은 AI가 추천하는 맞춤형 서비스를 통해 관심 있는 콘텐츠만 '구독'해 흥미가 없거나 취향이 아닌 콘텐츠는 소비하지 않는다. 그리고 다양한 배경과 문화의 사람들을 인정하는 특징도 있다. SNS를 통해 한 가지 주제로 다양한 국가의 사람들과 소통하기 때문이다. '다름'을 인정하는 것은 메타버스에서의 활동에 중요한 덕목이다. 인터넷으로 연결되는 세상을 경험하면서도 현실과 가상의 공간이 다르게 여겼던 기성세대와는 달리 디지털 원주민에게는 현실과 가상에 대한 구분이 따로 없고 시공간의 제약이 없다.

이런 MZ 세대는 코로나19로 촉발한 메타버스 산업과 밀접한 관계를 맺는다. 코로나19 이전에는 메타버스를 이용한다고 해도 네트워크로 연결된 세계에서 SNS와 포켓몬 GO, 동물의 숲과 같은 비대면 온라인 환경 이용에 머물렀다.

그러나 포스트 코로나에 접어든 지금은 메타버스 플랫폼이

:: 메타버스 속 비즈니스 ::

강력한 현실 대체 수단으로 활용되고 있다. 현실 세계에서의 기본적인 욕구인 사회적 관계 맺기의 부재를 해결하기 위한 수단으로 강화되었기 때문이다. 디지털 기술을 활용한 온라인 화상회의, 원격 수업 등이 이에 해당하며 MZ 세대는 이를 자유롭게 이용하고 콘텐츠를 생성하고 있기까지 하다.

MZ 세대는 메타버스를 통한 타인과의 소통과 만남에 익숙해져 있다. 오프라인과 유사한 경험을 온라인에서도 할 수 있길 바라며 메타버스 안에 있는 가상의 나인 아바타를 사용해 수많은 페르소나를 양산한다. 우리를 대신할 아바타가 현실과의 경계를 허물며 융합된 세계를 펼치고 있는 것이다. 게다가 팬덤 문화를 형성해 메타버스 엔터테인먼트 산업의 주축이 되었다. 이들은 문화를 소비하는 게 아니라 적극적으로 문화를 만들고 체험한다. 이렇게 MZ 세대의 특성은 메타버스 시장과 산업에 부합해 다양한 발전을 이끌 전망이다.

메타버스의 글로벌 경쟁 구도

현재 메타버스 시장의 글로벌 경쟁 구도로 보았을 때 빅4는 누구인가?

앞서 이야기했듯, 메타버스 플랫폼의 최강자는 포트나이트다. 에픽게임즈의 플랫폼으로 중국의 게임 공용 기업 텐센트가 40% 이상의 지분을 갖고 있다. 포트나이트는 사용자만 3억 5,000만 명에 이르는데, 우리나라의 아이돌 BTS가 여기에서 뮤직비디오 안무 버전을 론칭했으며, 미국의 래퍼 트래비스 스콧이 이 플랫폼에서 공연했을 때는 동시 접속자가 1,230만 명이나 되기도 했다. 트래비스 스콧이 우리나라에서 공연한다면 몇 명이 한 공간에 모일 수 있겠는가? 10만 명 이상이 모일 공간이 없을 것이다.

두 번째는 네이버의 제페토다. 제페토의 사용자는 2억 명가

량으로, 우리나라의 사용자는 10%도 되지 않고 대부분이 해외 사용자다. 제페토의 아바타는 굉장히 정교하고 고급스럽다. 구찌는 제페토에서 운영하는 '제페토 스튜디오'에 이탈리아 피렌체를 배경으로 구찌 빌라를 구현했는데, MZ 세대는 이곳에서 명품 아이템을 사서 아바타를 꾸민다. 실제 구찌 백이 199만 원이라면 이곳에서는 3,000원이면 살 수 있다. 현실 세계에서는 사기 힘든 가격이라면 이곳에서는 1만 원이면 살 수 있는 명품 아이템이 많다. 나이키, 크리스찬 디올 등 많은 패션 회사가 입점해 있다. 중요한 것은, 이곳에서 판매하는 아이템의 80% 이상이 사용자가 직접 제작한 아이템이라는 것이다. 하루에 7,000~8,000개의 의상 아이템에 등록된다. 사용자 중심의 생태계가 놀랍기만 하다.

세 번째는 마이크로소프트의 마인크래프트다. 마인크래프트의 아바타는 꽤 투박한 편이다. 레고의 캐릭터처럼 생긴 아바타들이 서로 소통하는데, 최근에는 UC 버클리대학교에서 이곳에서 가상 졸업식을 했으며, 우리나라에서는 청와대가 어린이날 행사를 마인크래프트로 개최했다.

다음은 로블록스다. 특이한 점은 로블록스 안에 있는 게임

5,000만 개 중 대부분이 사용자가 만든 게임이라는 것이다. 매년 수백만 개의 게임이 제작되며, 디지털 아이템 및 업그레이드 판매를 통해 생성되는 수익의 대부분을 독립 개발자가 벌어들인다. 개인 비서와 직원을 두고 경제 활동을 하고 있는 10대 독립 개발자도 있으며, 이 중 몇은 백만장자의 대열에 오르기도 했다. 로블록스의 월간 사용자는 1억 5,000만 명에 이르며, 이들은 2021년 1분기에만 100억 시간을 소비했다. 매일 4,200만 명이 로그인한 셈이다. 또한, 이들은 모자와 열기구, 아바타를 꾸미기 위한 아이템을 구입하기 위해 게임 화폐 로벅스Robux에 6억 7,000만 달러를 지불했다. 이 가상화폐 로벅스는 약 0.0035달러의 가치를 지닌다.

그 외에는 전통 게임의 최강자 닌텐도가 있다. 닌텐도가 2020년에 출시한 '모여봐요 동물의 숲'의 사용자는 6,000만 명에 이르며 미국에서는 조 바이든 대통령이 선거 캠프를 꾸려 이슈가 되기도 했다. 그리고 메타구 페이스북는 2014년 벤처기업 오큘러스를 23억 달러에 인수해 현재 XR 디바이스 시장의 최강자가 되었으며, 엔비디아는 베타 버전을 서비스 중이다.

메타버스 산업에 대한 국내의 움직임도 활발하다. 엔씨소프

:: 제페토 캐릭터를 이용한 블랙핑크의 댄스 퍼포먼스 ::

*출처: 네이버제트, 제페토

트는 CJ와 연합해 케이팝 전용 메타버스를 운영하고 있으며, 한 때 SNS 시장의 최강자였지만 모바일 시장에 적응하지 못하고 사라진 싸이월드 또한 메타버스 플랫폼을 기반으로 한 싸이월드Z 출시를 앞두고 있다.

국내 메타버스 기술 중 글로벌 시장으로의 잠재적 시장성이 높은 분야는 하드웨어와 소프트웨어 플랫폼 분야다. 이미 우리

:: 마인크래프트 ::

*출처: 마인크래프트

나라의 대중음악과 웹툰, 드라마 시장은 충분히 퀄리티를 인정 받았으며, 디지털 자산에 대한 소유권 개념을 도입하고, 가치 교환을 위한 NFT, 블록체인 기술의 연구도 활발히 진행 중이다.

1990년대를 오프라인 시대, 2000년대를 온라인 시대, 2010년대를 모바일 시대라고 정의한다면, 앞으로는 메타버스의 시대라고 할 수 있다. 이렇게 보면 MZ 세대, 그중 10대들이 주축이 되어 메타버스 시장을 선도하게 되지 않을까 싶다. 기업은 팬덤을 기반으로 한 대형 엔터테인먼트 회사의 메타버스 사업과 어린 연령대를 공략하기 위한 콘텐츠에 대해 살펴볼 필요가 있다.

그렇다면 국내에서는 MZ 세대를 중심으로 한 게임 기반의 메타버스 산업이 어떻게 확장되고 있는가? 현재 기업에서는 임직원 회의와 사원 교육을, 엔터테인먼트 기업에서는 콘서트와 팬미팅을, 각 대학은 입학식을 메타버스 플랫폼에서 열고 있다. 실제로 신한은행은 자체 메타버스 플랫폼 '신한 쏠 베이스볼 파크'에 2만 명의 팬을 초대해 '추석맞이 쏠 야구 대잔치'를 벌였으며, 현대백화점은 싸이월드Z와 손잡고 라이브 커머스 시장 확대에 힘쓰고 있고, DBG금융지주와 SGI서울보증은 메타버스 플랫폼으로 임직원 회의를 열어 중장년층 임직원의 참여를 이끌었다. 대학에서는 연세대학교가 외국인 신입생 환영회를 게더타운에서 개최했으며, 고려대학교는 SK텔레콤 이프랜드와 협약을 맺어 메타버스 기반의 스마트 캠퍼스 구축을 준비 중이다. 이 외에 부동산 분야는 가상 모델하우스와 크롭테크 기술을 활용한 부동산 서비스를 선보이고 있다. 빅데이터를 활용한 상권을 분석부터 중개까지, 사물 인터넷을 활용한 부동산 임대 관리, VR 입체 도면 서비스 등이 이에 해당한다.

이러한 다양한 분야에서의 메타버스 활용은 가상공간에서 경제 활동이 이루어지는 추세가 반영된 새로운 디지털 경험을 제공할 수 있을 것이다. 이 자체로 MZ 세대를 공략하고, 디지털 리딩 기업으로의 이미지를 만드는 효과가 있다. 특히 버추얼 휴먼을 마케팅에 이용함으로써 특정 고객을 타깃으로 한 맞춤형 광고가 가능하고, 사생활을 통제할 수 있으며, 장기적 관점에서 비용을 절감할 수 있다. 또한, 시공간의 제약이 없고, 지속가능한 브랜드 광고가 가능하다.

과거로의 여행이 가능한 디지털 헤리티지 복원 사업

디지털 자산은 영속성을 갖기 때문에 디지털 문화유산 즉, '디지털 헤리티지 digital heritage'가 된다. 한마디로 디지털 헤리티지는 문화 자산이나 아날로그 자료를 디지털화한 유산을 말하며, 현재 최고의 문화재디지털복원가들이 다양하게 도전하고 있는 분야이기도 하다. 디지털 휴먼을 사이버 캐릭터 형, 휴먼 재현 형, 역사 인물 형으로 나누었을 때 디지털 헤리티지 분야는 '역사 인물 형'의 복원 분야가 가장 활발하다. 역사 인물 형으로는 최근 공개된 흑백사진 속의 위인들이 딥페이크 기술을 활용해 간단한 모션을 보여주는 콘텐츠를 예로 들 수 있다. 추후에는 이들과 대화하거나 간담회를 가질 수 있을 것이며, 엔터테인먼트 산업에도 이용될 수 있을 것이다. 한 시대를 풍미한 마릴린 먼로, 비틀스, 퀸과 같은 인물과 함께 공연하고 이야기를 나눌 수 있다고 생각해 보라. 메타버스를 활용한 훌륭한 엔터테인먼트 산업이 될 것이다.

나도 박진호 박사 등과 손잡고 디지털 복원 콘텐츠를 통해 메타버스 공간에서 실크로드를 체험할 수 있도록 기획 중이다. 1300년 전 우즈베키스탄의 옛 수도 사마르칸트 벽화를 보러 가서 바르후만 왕과 대화할 수 있다면 더 생생하게 실크로드를 이해하게 될 것이다.

:: 한국 사신이 그려져 있는 사마르칸트 아프라시압 궁전 벽화의 디지털 복원 ::

현재 우리나라는 문화유산 복원 사업의 일환인 '디지털 헤리티지 프로젝트'가 한창이다. 실제로 문화재청은 2011년에 석굴암과 팔만대장경, 승무를 3D 입체 영상으로 복원했으며, 2012년에는 융건릉을 실사로 촬영한 뒤 3D 입체 영상으로 복원했다. 그리고 2013년에는 창덕궁과 줄타기, 하회별신굿을 복원, 2017년에는 수

원화성을 VR·AR 콘텐츠로 복원했다. 그렇다면 이런 복원 사업은 어떤 성과를 거두게 될 것인가?

:: 석굴암 보존불상의 홀로그램형 디스플레이 ::

:: 태평성시도의 인터랙티브 실감 체험 ::

*출처: 국립중앙박물관

현재 복원된 디지털 헤리티지 콘텐츠는 문화유산의 정보와 가치를 전달하되, 체험 분야로도 확장된 상태다. 보통 박물관이나 디지털 문화유산 영상관 등에서 미디어아트로 상영되는 방식으로 진행되며, 전남정보문화진흥원에서 개최한 '고려청자 전시관 프로젝트'에는 12만 명에 달하는 관람객이 들기도 했다. 구체적으로 디지털 헤리티지 복원 사업을 '문화유산의 복원'을 목표로 한 경우에는 디지털 아카이빙을 목적으로 한 경우가 많다. 일부만 남아있는 문화유산을 온전한 모습으로 복원해 기록하는 것이다. 터만 남은 사찰터를 복원하는 경우가 이에 해당하며, 미륵사지와 황룡사, 서봉사지 등이 복원되었다.

'정보 제공'을 목적으로 한다면 문화유산 콘텐츠에 정보를 넣어서 제공하게 된다. 실제로 석굴암의 경우 금강역사와 보살, 보존불 등의 정보를 관람객에게 제공하고 있으며, 교육 콘텐츠에 많이 사용되고 있다. 체험 제공의 형태로는 국립중앙박물관의 불교회화실에 가면 16세기 임진왜란에 참여한 서산대사와 19세기에 화가로도 활동한 신겸이 디지털 복원되어 관객들과 이야기할 수 있는 것을 예로 들 수 있다. 인식 센서와 3D 기술, 모션 캡처 기술을 활용해 각자 다른 시대를 산 인물과 현재의 관객이 소통하는 것이다.

:: 서산대사와 신겸의 디지털 복원 ::

*출처: 국립중앙박물관

이렇게 디지털 헤리티지 복원 사업의 분야는 AI 기술을 접목해 다양한 문화 콘텐츠 발굴과 개발이 이루어질 것이다. 과거로의 여행이 가능한 '디지털 헤리티지' 분야야말로 시간 여행을 가능하게 하는 메타버스 사업의 한 축이라 할 수 있다.

AI와 XR을 활용한 산업들

XR 기술을 가장 활발하게 사용하는 분야는 헬스케어 분야이며, 가장 체감되는 콘텐츠는 가상공간에 마련된 스포츠 시설일 것이다. 아직 시작 단계지만 최근 KT는 국민체육진흥공단, 아프리카TV와 함께 'XR 비대면 스튜디오 체육관'을 오픈해 태권도, 요가, 피트니스를 코칭하고 있다. 기존 홈트레이닝은 집에서 홈트레이닝 영상을 틀어 놓고 따라 하는 형태였기

기존 영상 홈 트레이닝	AI 기술을 접목한 홈 트레이닝	XR 기술을 접목한 홈 트레이닝
• 코치의 한쪽 면만 볼 수 있다. • 동작에 대한 피드백이 어렵다.	• AI 코치가 주요 관절을 인식하고 교정한다. • 강사의 시범 동작을 360도 돌려 보는 AR 자세 코칭이 가능하다. • 4개의 각도를 한 화면으로 보는 '멀티 뷰 보기'가 가능하다.	• 운동 동작을 210도 각도로 입체적으로 전달한다. • 3차원 관절 정보가 입혀져 운동 자세를 섬세하게 전달한다. • 음성 텍스트를 자막으로 입히는 STT 기능이 존재한다.

에 정확한 코칭을 받을 수 없고 운동을 지속할 수 없는 단점이 있었지만, XR 스튜디오를 이용하면 타인과의 접촉 없이도 정확한 자세 교정을 받으며 꾸준히 운동을 즐길 수 있다. 실제 운동 시설과 똑같은 배경 화면에 현실감도 느낄 수 있다. 여기에 사용되는 디바이스는 마이크로소프트의 뎁스 카메라다. 관절마다 각도를 재서 표시해 주기 때문에 세밀한 코칭을 받을 수 있다.

:: AI 기술을 접목한 홈 트레이닝 ::

XR 기술은 디지털 치료제 부문에서도 활발히 사용 중이다. 아래의 서비스는 임신부의 출산 전 통증 감소 및 심리 안정을 위한 XR 기술이다. 임신부가 VR 디바이스를 착용하고 있는데,

VR 디바이스를 통해 편안한 장면과 긍정적인 메시지를 전달받아 통증을 경감시킬 수 있다. 실제로 VR 디바이스를 착용한 참가자는 평균 0.52%의 통증 감소를 느낀 반면, VR 디바이스를 착용하지 않은 참가자는 0.58%의 통증 증가를 보고했다.

:: VR 디바이스 콘텐츠로 출산 통증 감소 ::

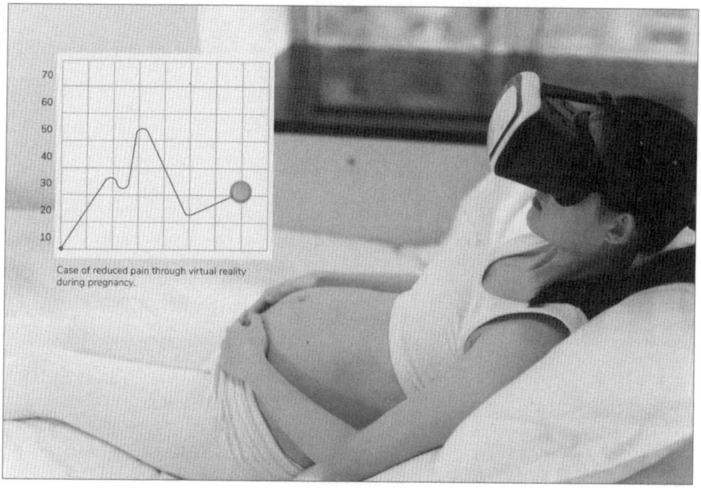

이 외에 디지털 치료제는 암 환자들의 수술 전후 심신의 안정을 위한 호흡과 명상 프로그램이나 뇌 질환자와 치매 질환자를 위한 VR 재활 치료 솔루션 등에 사용되고 있으며, 파킨슨병, 뇌졸중 등을 앓고 재활이 필요한 환자는 VR 공간에서 블록을 쌓거나 망치질을 하는 등의 체험을, 경도의 환자는 손동작 인식

기기를 이용해 재활 치료를 받는다.

디지털 치료제 분야는 고령층의 수요가 많을 것으로 예상된다. 비대면 시대에 직접 병원에 방문해 처방전을 받고 약국에 가서 약을 타는 일조차 의료 환경 개선이 이루어져야 할 일이다.

교육 분야에서의 XR 기술은 많은 진보를 이루었다. 동서울대학교에서는 아바타를 이용해 강의에 참석하고 자동 출결이 파악되도록 하는 시스템을 사용했고, 한양대학교에서는 홀로그램 교수가 원격 수업을 진행한 바 있다. 체험 콘텐츠도 늘어나는 추세다. 비상교육은 VR 지질답사, AR 과학실험실 등을 개설해 꾸준히 이용자를 모으고 있으며, 내가 개발 중인 '고대 문명으로의 탐험'이나 '미래로의 탐험' 등을 주제로 한 콘텐츠도 메타버스 교육 플랫폼의 분야다.

지금은 줌으로 수업에 참여하는 게 낯선 일은 아니다. 그러나 직접 만나서 소통하고 실습하는 것도 교육의 일환이기에 메타버스 플랫폼의 사용은 일반적인 일이 될 거라는 게 내 견해다. 실습을 위해 별도의 공간에 들어가는 게 아니라, 메타버스에 마련된 공간에서 실습하는 것이다.

:: 이온 XR 플랫폼을 활용한 XR 교육 콘텐츠 사례 ::

장비 안전 훈련 분야

헬스케어 분야

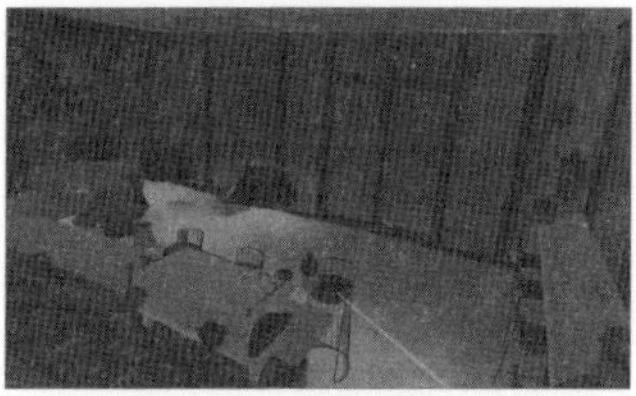

산업 디자인 분야

인테리어 분야

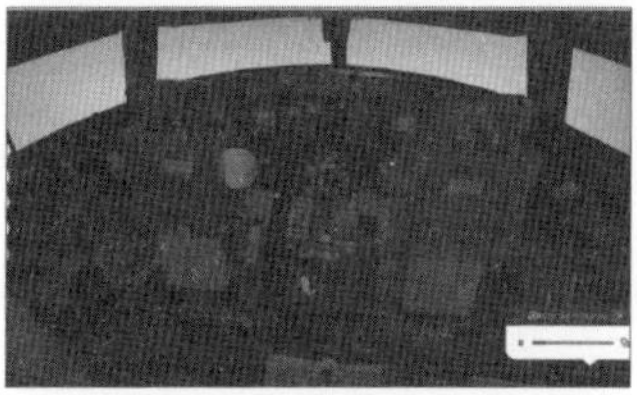

교통 분야

에너지 분야

제조업 분야

제약 분야

또한 작업이나 활동에 추가 정보를 제공하거나 사전에 제공해 작업의 효율과 능률을 올리는 사례도 빼놓을 수 없을 것 같다. XR을 활용한 교육과 훈련은 일반적인 문자와 영상 매체보다 실감적이고 몰입감이 있다고 평가되며, 실물교재를 XR로 대체함으로써 생산량 증가와 훈련 비용 감소 효과를 기대할 수 있다. 다년간 산업 및 교육을 위한 AR·VR 기반 지식 전달 솔루션을 개발해 온 이온 리얼리티 Eon Reality의 '이온 XR 플랫폼'은 XR 기술을 통한 지식 장벽 Knowledge Barrier을 타파한 좋은 예시 중 하나일 것이다. 범람하는 메타버스 서비스 시장에서 '지식 전달 메타버스 Knowledge-Transfer Metaverse'라는 뚜렷한 방향성을 유지하며 사업을 확장하고 있기 때문이다. 이온 XR 플랫폼은 XR 기반의 교육 콘텐츠를 만드는 데 필요한 코딩이나 모델링 등의 지식을 간단한 클릭과 조작, 앱에서 제공하는 기능으로 대체해 일반인도 단시간에 훌륭한 XR 교육 콘텐츠를 제작하게 한다.

또한 만들 수 있는 콘텐츠도 한 가지 분야에 제한하지 않고 교통, 에너지, 제조, 제약 등의 산업 및 학술 분야의 교육 콘텐츠 제작뿐 아니라 장비 안전 훈련, 헬스케어, 인테리어, 산업 디자인 등에도 적용할 수 있다.

물론 갈 길이 멀다. XR 활용을 제대로 하려면 고가의 디바이스 단가를 낮춰야 하며, 궁극적으로는 고가의 디바이스가 없어도 XR 환경에 접속할 수 있는 기술이 개발되어야 한다. 여기에는 생생한 경험을 위한 햅틱 기술과 모션 감지 기술 등이 포함된다.

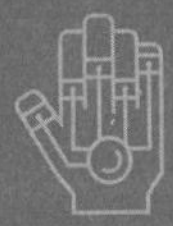

PART 2

METAVERSE ARCHIVE

과거와 메타버스

이미 존재했던 메타버스, PC 통신에서 인스타그램까지

나도 이미 메타버스를 활용하고 있었다. 나뿐 아니라, 나와 동시대를 사는 사람이라면 대부분 알게 모르게 메타버스 세계를 경험하고 활용하고 있었으리라는 생각이 든다. 1990년대는 PC 통신이 급성장한 시기로 '천리안, 하이텔, 나우누리, 유니텔'이라는 4대 서비스가 존재했다. 350만 명의 사용자가 있었고, 전화선을 이용한 모뎀을 사용했기에 그래픽 데이터 처리가 힘들어 파란색 바탕의 게시판과 채팅, 동호회 활동 위주의 텍스트 기반 서비스를 이용했다. 검색은 명령어를 사용했다.

하이텔의 메인 게시판인 '큰마을'에서는 각종 사회 이슈에 대한 토론이 진지하게 열렸고, 대화방에서는 얼굴도 모르는 사람들과 친구가 되기도 하고 연인이 되기도 했다. 1997년 개봉한 한

석규와 전도연 주연의 영화 〈접속〉은 이런 시대 배경을 잘 보여준다. 둘은 '유니텔'의 채팅을 통해 종로의 피카디리 극장 앞에서 만난다(이 영화 덕분에 유니텔의 가입자는 폭발적으로 는다). 그리고 이런 하이텔은 2003년 인터넷을 기반으로 한 시스템으로 전면 개편한다. 사진을 올릴 수 있는 개인 홈페이지가 생겨나고 아바타를 만들고 다양한 아이템으로 홈페이지를 꾸밀 수 있었다. 하이텔은 사람들과 데이터를 공유할 수 있도록 일정 용량의 인터넷 공간을 할당하는 서비스를 시작하기도 한다. 그러나 '네이버'와 '다음'으로 대표되는 포털 서비스가 시작되며 PC 통신의 시대는 저물고 웹 시대가 열린다.

2003년 세이클럽은 사용자가 2,000만 명을 넘어선 거대한 플랫폼이었다. 1997년 세계 최초 웹 기반 채팅 및 커뮤니티 서비스를 내놓아 성장한 세이클럽은, 온라인 동호회와 웹 채팅으로 인터넷 문화를 선도했었다. 글자색과 폰트를 조절할 수 있었고, 사람들은 아바타를 꾸미는 데에 돈을 쓰기 시작했다. 이에 세이클럽은 사용자들이 만든 아바타로 스티커나 명함, 머그컵을 만들 수 있는 서비스도 제공했다. 익명 채팅을 기반으로 했기에 소위 '번개'라 불리던 즉석 만남도 유행했다. 음악 방송 서비스로

감성을 공유하기도 하고, 개인이 방송국을 만들어 방송도 할 수 있었다.

1999년 10월에는 한국 최초의 SNS라고 불리는 아이러브스쿨이 나왔다. 초등학교부터 대학교까지 학창 시절을 함께 보낸 친구와 선후배를 찾아 주는 서비스로 동창회 신드롬을 낳았고, 회원만 500만 명에 이르렀다. 그러나 동창을 찾아 오프라인 모임이 생기고 나면 더는 아이러브스쿨을 이용할 필요가 없었다. 사용자의 이탈을 방지하고 수익 모델을 창출하기 위해 사진과 동영상을 올릴 수 있는 개인화 서비스를 시작했지만 회원 간 부도덕한 일이 발생하여 금방 추락하고 말았다.

2000년에 출시된 프리챌은 1,200만 명의 회원을 모으며 1위의 커뮤니티 서비스가 된다. 아바타 시스템을 최초로 선보인 것도 프리챌이다. 프리챌은 사용자의 나이대에 맞는 2D·3D 아바타를 추천하기도 하고 이목구비와 피부색, 헤어스타일을 선택할 수 있는 뷰티 존, 패션 아이템을 선택하는 패션 존, 장소를 설정하는 배경 존, 감정을 선택하는 이모티콘 존 등이 있었다. 또한, 연예인의 패션 아이템을 판매하는 아바타 쇼핑몰이 있어서 특정 브랜드의 패션 아이템을 장착할 수도 있었고, 아바타 전광판 서비스를 개설해 결혼이나 생일과 같은 개인의 이벤트를 알릴 수도 있었다. 여기에 실제 목소리 등록이 가능한 음성 아바타도 출시한다. 그러나 이러한 서비스는 무료화로 무장한 싸이월드에 그 위상을 넘겨주게 된다.

1999년에 출시된 싸이월드는 미니홈피 서비스와 일촌 맺기 시스템으로 개인적인 공간을 꾸미고 사생활을 공유할 수 있는 서비스를 선보이며, 선풍적인 인기를 끌었다. 일촌 맺기를 통해 개인 공간을 제한적으로 보여줄 수 있는 점, 파도타기를 통해 다른 이의 미니홈피를 볼 수 있다는 점이 매력이었다. 게다가 쪽지를 보내 개인 연락을 할 수 있게 한 서비스는 이후 '네이트온'이라는 메신저 시장으로의 성장 계기가 된다.

싸이월드에서 빼놓을 수 없는 게 '도토리'라는 가상화폐의 사용일 것이다. 사람들은 도토리로 배경 음악과 아바타를 꾸미기 위한 아이템을 구매했다. 2000년대에 도토리로 SK커뮤니케이션즈가 벌어들인 수익은 하루 평균 3억 원이었으며 연 매출은 1,000억 원에 이르렀다. 2007년 SK커뮤니케이션즈의 시가 총액은 1조 3,000억 원 이상이었다. 즉, 싸이월드는 자신의 삶을 기록하고 친한 사람들과 일촌을 맺고 교류할 수 있는 라이프 로깅 메타버스 서비스라고 볼 수 있다.

이런 싸이월드가 쇠락의 길로 들어선 이유는 디지털 환경이 모바일로 바뀌며 적응하지 못했기 때문이다. 스마트폰의 등장과 모바일 환경에 최적화한 페이스북, 트위터 등의 등장에 싸이월드도 시대적 유물이 되어 버렸다. 여기에 카카오톡의 등장으로 네이트온 메신저도 밀리게 된다.

:: 싸이월드 미니홈피 ::

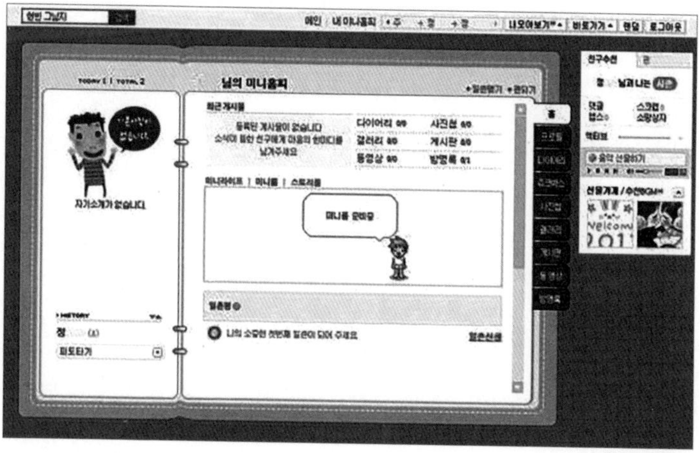

*출처: 싸이월드

최근 싸이월드는 메타버스 플랫폼으로 다시 서비스를 재개할 예정이다. 이미 인스타그램 등의 SNS에 친숙해진 2040 세대도 싸이월드Z의 맛보기 서비스인 '사진 찾기'에 1,000만 명이 들어왔다고 하니 어느 정도 사용자를 모을 가능성이 보인다. 물론, 추억에 이끌려 들어와 장시간 재사용할지는 의문이다. 싸이월드Z가 경쟁해야 할 곳은 10대들의 주 무대인 제페토와 위버스 등이다. 차별화한 서비스를 제공할 수 있어야 성공할 수 있을 것으로 보인다.

이렇게 메타버스라는 용어는 새롭지만, 우리는 이미 메타버스 서비스를 이용하고 있었다. 전통적인 음반 제작사를 통해야만 데뷔할 수 있었던 뮤지션은 개인화된 플랫폼에 음원을 올려 인기를 얻게 되었고, 전통적인 문단을 통해야만 작가가 될 수 있었던 문인들은 PC 통신에 글을 올려 책을 출판하게 되었다. 예를 들어, 천만 부 이상이 판매된 이우혁의 《퇴마록》은 1993년 7월에 하이텔문학관의 '납량특집란'에 올라와 출판되어 영화로까지 제작되었으며, 1996년 하이텔에 연재된 이영도의 《드래곤 라자》는 국내뿐 아니라 해외에서도 인기를 얻으며 장르문학의 개척자가 된다. 김호식의 《엽기적인 그녀》는 1999년 8월 나우누리 유머게시판에 견우74라는 아이디로 작가가 실제 연애담을 올려 인기를 얻은 작품이다. 이렇게 개인은 PC 통신으로 지식과 문화를 공유하며 양질의 문화를 탄생시켰다. 기존의 질서를 무너뜨리고 대중의 문화 현상을 주도했다는 점에서 PC 통신의 역할은 의미가 있다.

2000년대부터는 드디어 가정에 고속 인터넷이 보급되며 실시간 소통이 가능해진다. 네이트온, MSN으로 이메일과 문자 메시지보다 빠르게 텍스트와 사진, 영상을 공유할 수 있게 된 것이다. 사람들은 디지털 카메라로 찍은 사진을 공유하고 개인 온라인 공간에 게재하고 소통을 즐겼다. 그러다가 2010년에 들어서 스마트폰이 보급된다. SNS는 언제 어디에서나 이용할 수 있는 모바일 중심으로 옮겨간다. 채팅은 카카오톡과 라인을 이용하고 실시간으로 불특정다수에게 이슈를 올리기 위해서는 트위터와 페이스북, 인스타그램 등을 이용하게 된다.

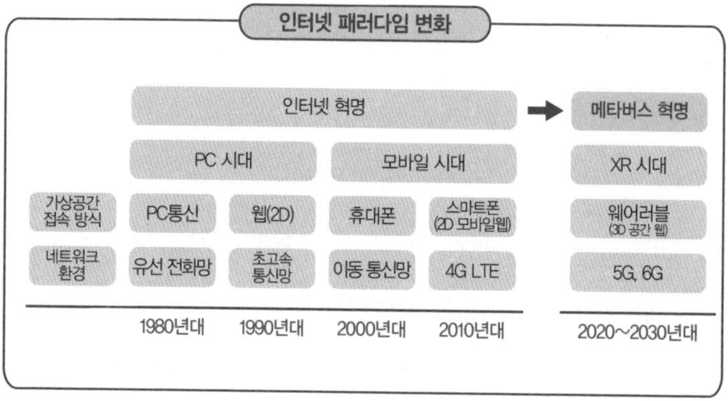

*출처: 유안타증권 리서치센터

그렇다면 과거의 메타버스와 현재의 메타버스는 무엇이 어떻게 다른가? 과거의 메타버스 시대를 '인터넷 시대'라고 정의한다면 그 한계점과 미래의 시사점을 정확히 비교할 수 있을 것 같다.

교육 분야에서는 2D 기반으로 개인이 줌 화면 밖으로 나가면 행동 파악이 어렵고 외부의 요인을 차단하기 어려웠다. 여전히 교사의 말을 듣는 수준의 강의가 개진되었다면, 미래의 메타버스 플랫폼에서는 무한한 공간과 자료의 활용으로 대면 수준의 상호 작용이 가능할 것이다. 학습자 개개인의 행동도 확인할 수 있다.

쇼핑 분야에서는 과거에는 온라인으로 물건을 사도 물건은 오프라인으로 확인할 수밖에 없었다. 그러나 미래에는 가상 경험을 통해 물건을 착용해 보고 구매할 수 있게 된다. 개인에 특화한 플랫폼이 생겨날 것이다. 해외 시설 관리에 있어서는 실제로 확인하기까지 이동 시간과 비용이 발생하고, 문제 발생 시 즉각적으로 대응하기 어려웠지만 미래에는 스마트 관리 시스템의 정착으로 본사에서 해외 현장으로의 실시간 관리와 모니터링이 가능해질 것이다. 또한 신제품 개발 시 과거에는 모델 제작부터 검증까지 개발 시간과 비용이 많이 들었다면 미래에는 가상 디자인 검증부터 다양한 분야 전문가의 협업이 손쉬워질 것이다. 저비용으로 다품종 개발도 가능해진다.

영원한 승자, 복고 마케팅

인간은 옛것에 꾸준히 열광하는 습성이 있다. 좋은 기억은 회상하고 나쁜 기억은 빨리 지워 버리고 싶은 '무드셀라 증후군'으로 일종의 도피 심리가 발동하기 때문이다. 경기가 안 좋고 사회가 불안하면 4050 세대는 과거의 행복했던 추억을 회상하고자 하며, 1020 세대는 자신이 겪어 보지 못한 오래된 물건과 오래된 장소를 경험하며 새로움을 느끼려 한다. 새로움New과 복고Retro를 합친 신조어 뉴트로New-tro는 기존의 레트로와는 다르게 과거의 것을 현대에 새롭게 해석한 개념이다. 그렇다면 뉴트로는 어떻게 메타버스 플랫폼과 결합할 수 있을 것인가?

싸이월드는 2000년대 밀레니얼 세대의 추억이 담긴 170억 장의 사진과 5억 3,000만 개의 MP3 파일, 1억 5,000만 개의 동영상, 180억 개의 데이터베이스, 3,200만 명의 회원을 보유하고 있다. 게다가 새롭게 출시될 싸이월드Z에서는 기존의 2D 아바타 미니미와 AR 기술이 접목된 3D 아바타를 선보일 예정이며, 기존 플랫폼이 아닌 블록체인 네트워크를 통해 독자적인 생태계를 구성하는 메인넷 Mainnet을 개발해 자체 가상자산 발행 및 음악과 웹툰, 웹 소설, 온라인 동영상 서비스 등을 선보일 예정이다.

싸이월드Z가 기존 사용자들에게서 옛것의 추억과 새로움을 줄 수 있는 콘텐츠가 될 수 있을지는 1020세대의 전유물인 메타버스가 기존 싸이월드 사용자들이 사용할 수 있는지가 관건일 것이며, 메타버스 생태계 구축도 예측할 수 있는 기준이 될 것이다.

:: 싸이월드Z 미니홈피 ::

*출처: 싸이월드제트

중장년층과 액티브 시니어 세대의 도약

현재 메타버스는 게임과 소셜 분야에서 많이 활용되고 있지만 머지않아 전 산업과 사회 영역으로 확산될 것이다. 이에 첨단 기기 사용이 익숙지 않은 시니어 세대의 메타버스 플랫폼을 이해하고 활용하기 위한 교육이 필요해졌다. 특히, 인간의 존재에 대한 철학적 이해와 시공간에 대한 이해조차 기존의 상식과 관성을 달리해야 한다는 점에서 미래 교육은 필수다.

실제로 2021년 5월, 국립중앙도서관 특강 때 메타버스 강의를 수강한 대부분이 50대 이상의 중장년층이었다. 그렇다면 현실적으로 중장년층은 어떻게 메타버스를 통해 경제적 이득을 취할 수 있는가?

현재 50대 이상의 중장년층은 온라인 종합 쇼핑몰과 배달 앱,

OTT 서비스 등의 구매 영역에서 두각을 나타내고 있다. 기업 또한 청년을 위한 채용 설명회뿐 아니라 임직원 대상의 행사도 메타버스 플랫폼을 활용하는 추세다. 아모레퍼시픽은 창립 76주년 기념행사를 메타버스로 진행해 임직원들이 비대면으로 행사를 치렀고, SK증권은 40여 명의 임원이 참여하는 회의를 이프랜드에서 개최했다. MZ 세대의 전유물로 여기던 메타버스 플랫폼을 현재 활발한 경제 활동을 하고 있는 중장년층에게까지 접근성을 높인 것이다.

실제로 내 강의를 수강한 중장년층의 수강 목적과 질문은 다양했다. 스타트업 CEO는 메타버스 플랫폼의 생태계에 대해, 윤리 과목 교사나 회사의 중역을 맡고 있는 분들은 메타버스 세계에서의 윤리적 시사점에 대해, AI 교육 교사들은 4차 산업과 메타버스의 융합과 정보 취약 계층 교육을 위한 정보를 알고 싶어 했다. 주부도 예외 없이 자녀 교육을 위한 변화하는 메타버스 생태계에 대해 알고자 했다. 디지털과 4차 산업에 익숙하지 않은 세대이지만 그 거리를 좁히고자 하는 노력은 계속된다고 볼 수 있다.

시니어 메타버스 콘텐츠 산업도 활발하다. 앞서 이야기한 의료 분야의 디지털 치료제뿐 아니라, 문화 예술 체험 분야도 언급할 만하다. KT는 시니어 치매 예방을 위한 '리얼큐브' 프로그램으로 특별한 디바이스 없이도 가상 환경을 체험할 수 있는 다섯 가지 종류의 게임형 콘텐츠를 제공해 시니어 세대의 체력과 인지력을 돕는다. 또한, 고려대 구로병원 개방형 실험실 입주 기업을 주축으로 2020년 말부터 한국 디지털 테라퓨틱스 협동조합이 설립되어, 현재 근골격계 질환과 인지 장애, 만성질환 관련 디지털 치료기기를 개발하는 데 앞장서고 있으며, 추후 시니어 세대를 위한 전용 메타버스 플랫폼을 준비하고 있다.

PART 3

METAVERSE OF THE FUTURE

미래와 메타버스

1,700조 원 시장, 현실이 된다

메타버스 시장은 2030년 1,700조 원 대로 성장할 것으로 보인다. 포스트 코로나 시대를 맞이해 비대면 문화로 빠르게 전환했기 때문이다. 특히 WEB 3.0 지능형 웹 시대의 도래와 메타버스 시장의 확대로 인한 수익 모델 진화, 메타버스를 활용한 이커머스 수익 창출 가능성, 메타버스와의 브랜드 협업 등의

:: 메타버스의 수익 모델 진화 ::

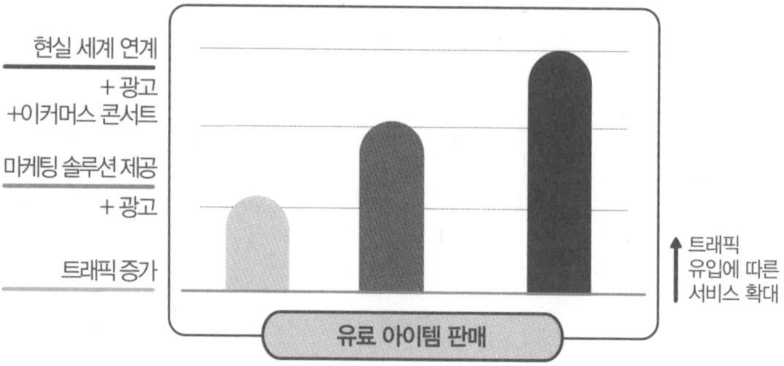

변화는 시장 잠재력을 보여 준다. 이를 '메타버스 브랜드의 협업, 메타버스 인 게임 광고, 버추얼 미팅' 분야로 나누어 설명해 보겠다.

첫째, 메타버스와 브랜드의 협업 사례를 보자면, 라이엇게임즈의 LOL과 루이비통의 '캡슐 컬렉션', 제페토와 구찌의 '구찌 가든'을 예로 들 수 있다. 실제로 LOL 로고에 루이비통 모델을 컬래버레이션한 챔피언은 출시 1시간 만에 완판되었고, 제페토에 구찌 빌라가 구현된 이후에는 구찌 IP를 이용한 2차 콘텐츠가 열흘 만에 40만 개 이상이 생성되고, 조회 수는 300만을 넘어서는 기록을 보였다. 최근에는 아기 상어를 히트시킨 글로벌 콘텐츠 기업 '스마트스터디'가 제페토와 함께 아기 상어 상품과 콘텐츠를 제작할 예정이다.

둘째, 메타버스 인 게임 광고도 중요한 수익 모델이다. E-스포츠 게임 내에 배너나 옥외 광고 형식의 이미지를 넣는 것으로, 해외의 인 게임 회사 비드스택BIDSTACK은 2020년 한 해에만 40개 이상의 인 게임 캠페인으로 240만 달러를 벌어들였고, 안주ANZU는 2021년 2분기 매출 640만 달러 예상, 소니와 WPP에서 900만 달러를 투자 받을 계획이다. 모두 고도화된 타겟팅으로 개인화된 광고를 경험하게 한다는 점에서 의미가 있다. 물론 정확한 실시간 타겟팅을 하려면 게임이나 주제에 대한 관심도와 연령, 위치, 성별 등 게임에서 수집된 다양한 데이터를 활용할 수 있어야 하며 방문과 구매 데이터 등의 실제 행동 데이터를 확보해야 한다.

형태	빌보드형	스킨형
이미지		
설명	현실 세계에서의 옥외 광고와 유사한 형식의 광고로 레이싱 경주에서의 빌보드를 떠올리면 된다.	자동차나 헬멧 등에 부착되는 스티커 형식의 광고로 맞춤형 오버레이가 가능하다.

셋째, 버추얼 미팅 분야는 이미 많은 업체가 사용하고 있는 마케팅이다. 메타버스 플랫폼에서 가상 회의나 취업 박람회, 행사 등을 여는 것이다. '버추얼 밋업' 형태라고 볼 수 있는데, 메타버스 게임 플랫폼에서는 팬들이 좋아하는 셀럽을 만나고 콘서트를 볼 수 있는 창구가 되기도 한다. 실제로 많은 엔터테인먼트 기업이 메타버스 플랫폼과 계약을 맺었으며, 세븐일레븐은 2021

년 하반기 신입 사원 채용 면접을 게더타운에서 진행했고, '세븐컵 e스포츠' 등과 같은 행사를 열기도 했다.

비교적 진입 장벽이 낮은 모바일 사업도 버추얼 미팅 사업을 진행 중에 있다. 카메라 앱에 AR 필터를 적용하는 형식인데, 반올림 피자샵의 '아이유 AR 포토 카드'나 SKT의 '점프 AR' 앱을 이용한 뮤직비디오 제작 서비스가 이에 해당한다.

이러한 메타버스 시장은 향후 3D 네이티브 광고의 시작을 알리고, 행동 데이터의 구축으로 다양한 형태의 사업 성과를 거둘 것이며, 궁극적으로는 현실 세계와 강력하게 연계될 것이다. 메타버스 세계와 현실 세계가 따로 떨어져 있는 게 아니라 상호작용하며 융합되는 환경이 조성되는 것이다. 실제로 국내의 유통기업 '신세계'는 메타버스 내 가상 매장과 실물 배송을 연계한 서비스를 선보여 온라인 매출이 44% 증가하기도 했다.

메타버스 디바이스 히스토리

‹‹‹‹‹‹‹‹

미래의 메타버스를 설명하기 전에 메타버스를 활용하기 위한 VR 디바이스의 역사부터 간단하게 짚고 넘어가자. 가장 처음 시장을 선도한 VR 디바이스는 구글의 '카드보드'

:: 구글의 카드보드 ::

다. 2014년 구글 I/O 콘퍼런스에서 발표된 DIY 디바이스로 골판지와 특수 플라스틱 렌즈로 제작되어 비교적 저렴한 가격에 VR 콘텐츠를 즐길 수 있었다.

다음은 2016년 발표한 소니의 '플레이스테이션 VR'이다. 그러나 플레이스테이션 VR은 콘솔 기반 디바이스로 하이엔드 급의 VR 디바이스의 출현으로 생산이 중단되었고, 현재 가장 인기 있는 VR 디바이스는 메타 구 페이스북가 오큘러스를 인수해 만든 '오큘러스 퀘스트2'이다. 2020년 10월에 출시되었으며, 다른 VR 디바이스와는 달리 컴퓨터에 연결하지 않아도 되는 점, 화질이 뛰어나고 가격이 합리적인 점에 인기를 얻고 있다. 코로나19와 맞물리며 비대면 여가를 즐기는 현실과 잘 맞아떨어져 판매량도 높다. 바이브도 기존 'HTC 바이브 포커스3'를 업그레이드 해 '바이브 프로2'를 출시했다. 120도의 시야와 5K의 높은 디스플레이 해상도를 지원하는 디바이스에 컴퓨터가 내장되어 PC 없이 사용할 수 있다.

2025년 내에는 애플과 삼성이 XR 디바이스를 새롭게 선보일 예정이다. 애플은 이미 AR·VR의 입력 장치로 사용할 수 있는 웨어러블 글러브에 대한 특허를 취득하고 AR 기능이 탑재된 아이팟터치를 출시한 상태이며, 삼성은 2025년까지 글라스 형태의

AR 디바이스를 출시할 예정이다. 그리고 메타도 글라스 형태의 AR 디바이스 발매를 앞두고 있어 AR 디바이스 시장의 각축전이 예상된다.

:: 애플 글라스 가안 ::

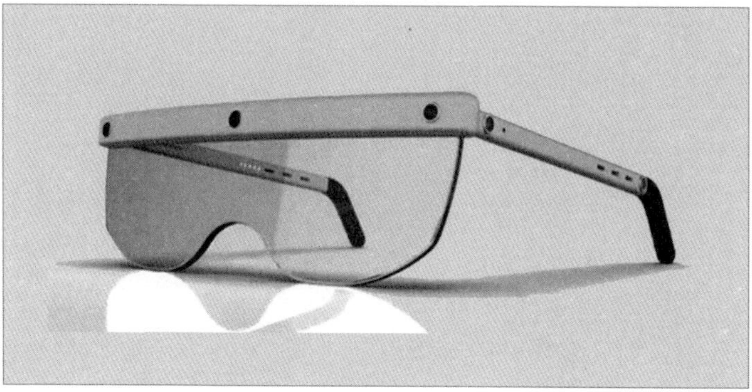

*출처: DROPnews, 한국스포츠경제

:: 삼성 글라스 가안 ::

*출처: 워킹캣 트위터

:: 페이스북 글라스를 착용한 마크 저커버그 ::

*출처: 메타, 레이벤 유튜브

해외 VR 디바이스 시장은 민간 주도로 사업이 확장되는 경향이 있다. 메타 구 페이스북는 2014년 오큘러스 인수 후 현재까지 6,000억 원 이상을 투자했으며, HTC는 스마트폰 개발을 중단하고 VR 디바이스 산업으로 과감하게 전향했다. 또한, 중소기업과 스타트업 기업은 소비자 니즈의 격차와 콘텐츠의 부재로 난항을 겪고 있기는 하지만 제조업과 의료업 분야에 활용될 VR 디바이스 개발에 힘쓰고 있다.

현재 VR 디바이스 시장은 코로나19로 인해 폭발적으로 수요가 늘었으며, 이와 관련해 미국 VR·AR 협업 플랫폼 개발 기업 스페이셜 Spatial은 코로나19로 인해 AR 솔루션 사용량이 10배 이상 증가했다고 발표하기도 했다. 또한, 5G의 등장으로 고성능의 초경량 디바이스 제작과 대용량의 고품질 콘텐츠 구현이 가능해져 VR 디바이스 시장의 확대가 가능해졌다. 다음 표는 VR·AR의 향후 활용 전망이다.

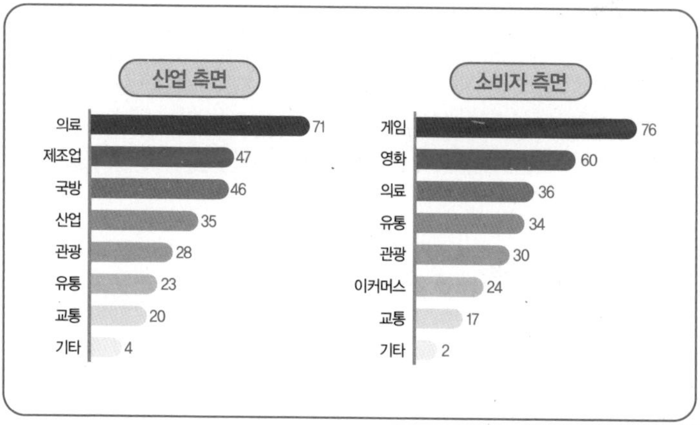

*출처: 유안타증권 리서치센터

그렇다면 앞으로 VR 디바이스는 어떻게 발전할까? 마크 주커버그는 "메타는 사람의 몸 자체가 디바이스가 되는 시대를 꿈꾼다. 곧 사람의 신경과 근육 등의 신호를 감지해 사용자가 의도하는 대로 움직이는 인터페이스를 구현할 것이다."라고 말했다. 구체적으로 VR 디바이스는 디스플레이 기술의 발전으로 화소와 시야각이 넓어지고 사각지대가 없게 될 것이다. 또한 청각과 촉

각, 후각 기능 등의 햅틱 기술이 탑재되고, 모바일 기반의 무선 연결 방식으로 이용이 편리해질 것이다.

인간의 뇌에 직접 연결되는 BCI Brain-Computer Interface 기술로의 발전이 예상된다. 나아가 공간 정보가 디지털화되어 증강 도시 플랫폼이 완벽히 구현된다면 다양한 방식의 원격 서비스도 가능할 것이다.

디지털 자산과 NFT

메타버스의 미래를 이야기하려면 가상자산, 디지털 자산에 대한 이해가 필수다. 디지털 경제화는 특히 아티스트나 창작자들에게 두드러지게 나타나고 있는데, 메타버스 플랫폼 내에서 사용자가 직접 만든 창작물에 대한 NFT 개념이 확산하고 경제적 이득을 취할 수 있는 시스템이 마련되었기 때문이다. 개인이 NFT 아이템을 만들고 거래를 통해 수익을 창출하는가 하면, 메타버스 기업도 이를 통해 콘텐츠의 다양성을 꾀하고 더 많은 사용자를 끌어들이기 위해 노력하고 있다. 이에 사용자들이 사용하는 화폐는 가상화폐이다. 디지털 자산을 기초로 하는 담보 대출과 아티스트 작업에 투자 NFT가 활용된다.

디지털 자산은 간단하게 '가상화폐, 전자화폐, 암호화폐,

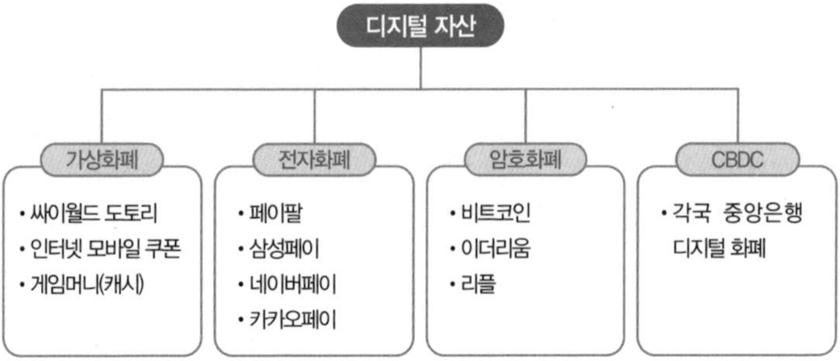

CBDC'로 분류할 수 있다. '가상화폐'는 싸이월드의 도토리나 인터넷의 모바일 쿠폰, 게임머니가 해당하며, '전자화폐'는 페이팔, 삼성페이, 네이버페이, 카카오페이 등이 해당한다. '암호화폐'는 비트코인, 이더리움, 리플 등이며, 'CBDC'는 각국의 중앙은행에서 발행한 디지털 화폐를 말한다.

그렇다면 구체적으로 NFT란 무엇일까? NFT란 '대체 불가능한 토큰'으로 일컬어진다. 쉽게 말해, 디지털 작품이나 자산에 블록체인 기술을 기반으로 한 고유번호를 매김으로써 유일성을 부여하는 기술을 말한다. 예술 작품을 예로 들자면, 디지털화한 예술 작품은 파일로 존재하기 때문에 인터넷 공간에서 끊임없이 위변조 되고 복제된다. 이렇게 되면 원작자는 창작권이나 수익을 보호받을 수 없게 된다. 그러나 이 디지털화한 예술 작품에 NFT를 부여하면 원작을 보호할 수 있게 된다. 최근에 수많은 밈으로 재생산되던 '재앙의 소녀'가 NFT를 부여받아 원 사진의 가치를 보호받은 바 있다. 즉, NFT는 디지털 창작물의 자유로운 복제와 유통을 허가하면서 원본의 가치와 소유권을 보호하는 기능이 있다.

그러나 디지털 자산이 대중의 신뢰감을 얻기까지의 과정이 필요하다는 점에서는 이견이 없다. 특히, 암호화폐의 경우에는 갈 길이 멀다. 디지털 화폐 전문가 핀 브런턴Finn Brunton 교수는 저서 《디지털 화폐》에서 가상화폐 자체는 가치가 없다면서, 화폐에 가치가 생기려면 상호 간 믿음이 있고, 실제로 사용함으로써 지불 수단으로 받아들여져야 한다고 했다. 가상화폐를 채굴하고 저장해 법정 통화로 사들이고 거래에 사용하며 '신뢰의 시스템'을 구축하고, 합의가 있어야 한다는 말이다. 또한, 미래에는 다양한 종류의 디지털 화폐가 등장해 목적마다 서로 다른 화폐가 사용될 것이며, '가상화폐의 코드와 발전 과정, 채굴과 거래 방식, 발행과 거래 내용이 기록된 디지털 장부와 가상화폐의 보유 방식'까지 높은 수준의 가치를 인정받은 화폐만이 살아남을 것으로 예측했다.

게임을 하면서 돈을 버는 '게임파이'

게임파이는 게임Game과 파이낸스Finance를 합성한 신조어로 '게임과 금융', '게임화 비즈니스'를 말한다. 그리고 이러한 블록체인 기술을 기반으로 한 게임은 분산 금융, 디지털 자신 및 NFT의 통합으로 게임 분야에 새로운 경험을 제공하고 있다. 기존의 게임에서는 사용자들이 게임을 하거나 아이템을 구입하기 위해 게임 개발사에 돈을 지불했다면, 게임파이 즉, P2E Play to Earn에서는 사용자가 게임을 하면서 캐릭터나 무기를 자산으로 하여 NFT 게임 아이템을 수집하고 현금화하여 수익을 얻을 수 있다. 그리고 이 NFT 게임 아이템은 게임 내에서 유동성을 채굴하는 도구로 쓰인다.

대표적인 게임으로는 '엑시 인피니티'가 있다. 베트남 게임 스타트업 스카이마비스skymavis가 만든 이더리움 기반의 블록체인 게임으로 총 거래액은 27억 달러약 3조 2,000억 원, 가장 비싸게 팔린 NFT는 150만 달러17억 7,800만 원, 2021년 3분기 매출은 약 7억 8,200만 달러약 9,270억 원에 달하며, 엑시 캐릭터를 보유한 계정은 400만 개에 이른다. 엑시 인피니티는 '엑시'라는 최소 3마리가량의 몬스터 엑시를 구입하여 다른 엑시들과 배틀하며 이기면 SLP 코인을 받는 식으로 진행되는데 이 코인은 거래소에서 현금화할 수 있다. 실제로 코로나19로 일자리를 잃은 많은 필리핀과 베트남 등이 동남아시아 사람 중에는 이 게임으로 평균 소득보다 많은 월 100만 원월평균 30만 원가량의 수익을 얻은 사람도 있으며, 엑시 3마리

:: 엑시 인피니티 ::

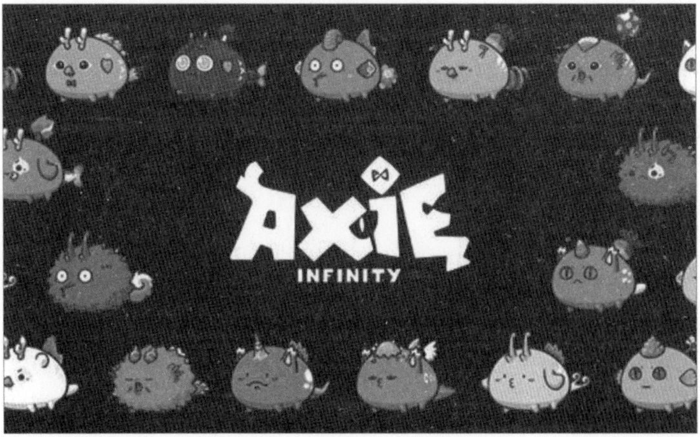

*출처: 스카이마비스

를 사는 데 드는 100~150만 원가량의 초기 비용이 부담스러운 사람은 타인에게 계정을 빌려 수익을 나누는 스콜라십장학금 제도를 이용해 게임에 참여하기도 한다.

위메이드 또한 블록체인 플랫폼 '위믹스WEMIX'와 유틸리티 코인에 블록체인 기술을 적용한 게임 '미르4'를 선보여 블록체인 산업 전반의 주목을 받고 있다. 미르4는 동양 무협 세계관에 기반한 MMORPG 게임으로 과거 중국에서 6억 명 이상의 사용자를 모았던 '미르의 전설2'의 후속작이다. 출시 나흘 만에 서버를 3배 이상 확장해 현재 150여 개의 서버를 운영하고 있으며, 동시 접속자는 80만 명을 돌파했다. 미르 IP의 인지도가 높았던 중국뿐만 아니라 사용자가 적었던 북미와 유럽권에서도 예상외의 인기를 얻었는데, 블록체인 기술을 도입한 P2E MMORPG 게임이라는 점이 배경으로 꼽힌다. 구체적으로 미르4는 블록체인 기술인 유틸리티 코인 '드레이코DRACO'와 NFT가 도입된 게임이다. 드레이코는 게임 내 주요 재화인 '흑철'을 토큰화한 것인데 흑철을 10만 개 모으면 드레이코로 바꿀 수 있으며, 드레이코는 위메이드가 발행한 가상 자산인 위믹스로도 거래할 수 있다. 또한 사용자들은 캐릭터를 NFT화하여 위믹스 지갑 NFT 마켓에서 거래하기도 한다. 게임 내에서 코인을 채굴하고 캐릭터를 NFT화하여 상품으로 거래할 수 있는 '토큰 경제' 생태계를 구축한 것이다. 정리하자면, 게임 내에서 모은 재화를 드레이코로 바꿀 수 있고, 드레이코는 위믹스 토큰으로 스왑Swap해 실제 코인 거래소에서 현금화해 수익을 얻는다.

:: 미르4 ::

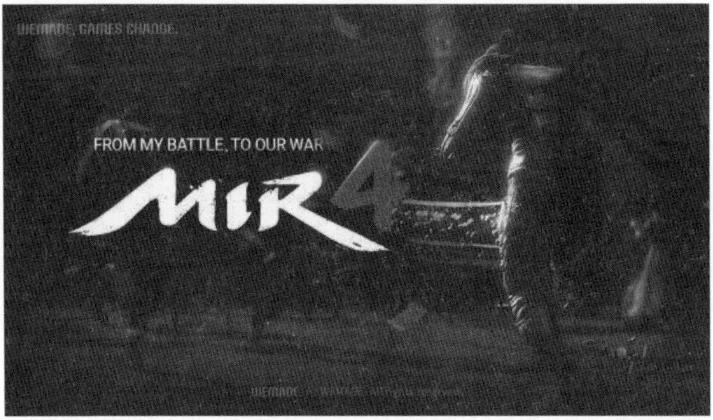

*출처: 위메이드

세계 시장에서 '돈 버는 게임'이라 불리며 블록체인 기술을 적용한 P2E 게임들이 활성화되는 이유는 기존의 게임과 다르게 게임 아이템과 캐릭터 등에 대한 소유권을 블록체인에 명확히 기록하여 사용자들이 자신의 아이템을 가상자산 및 현금으로 거래하면서 수익을 창출할 수 있기 때문이다. 개발 도상국의 경우 블록체인 게임의 대중화로 새로운 일자리가 탄생하고 있으며, 암호 화폐는 사용자들이 직접 게임을 만들고 사용자 간 시장을 형성하여 중요한 소득원으로 자리 잡았다. 현실과 연계되는 가상 경제를 만들고 있다고 볼 수 있다.

메타버스 관련 전도유망한 일자리들

서울시 교육청은 4차 산업혁명의 핵심 기술로 '빅데이터, AI, 사물 인터넷, VR'을 꼽아 인공지능컴퓨터정보과, 인공지능전기과, 인공지능전자과, 메타버스게임과, 클라우드 보안 및 스마트건설정보과, 디지털건축과, 스마트융합기계과, 3D모델링과, 3D프린팅 금형과 등의 39개의 미래형 학과를 신설했으며, 특성화고등학교도 시대 흐름을 반영한 교육 과정으로 개편했다. 구체적으로 순천제일대학교는 '웹툰애니메이션과'를 신설해 웹툰 기반 애니메이션 현장 전문가, 애니메이션 바탕의 게임 콘텐츠 제작 전문기술인, AR과 VR 콘텐츠 제작자 등 메타버스 시대의 인력 양성을 위해 힘쓰고 있고, 기존의 IT 학교와 연계해 VR과 AR에 대한 교육 과정과 3D 모델링 및 3D 프린팅 관련 교육 과정 보유하고 있으며, 호서대학교는 '게임소프트웨어학과'를 신설해 메타버스 관련 VR·AR 현실 교육 콘텐츠 개발 및 SW 분야 인재 양성을 목표로 하고 있다.

내가 추천하는 분야는 5G 기반의 VR, AR 실감형 콘텐츠 개발과 관련된 기술 공부를 하면서 메타버스 업계에서 사용하는 제작 기술 및 체감형 콘텐츠를 개발하는 것이다. 유니티 Unity 환경을 위한 PCG 방식 C#, 실감형 콘텐츠를 위한 UI/UX 화면 설계, 유니티 3D 인터페이스 구현, All Use Device 지원, 5G 환경 내 콤팩트 VR·AR 모바일 애플리케이션 개발 등을 공부하면 좋겠다. 게임 프로그래머와 소프트웨어 개발자, 유니티 개발자, VR·AR 콘텐츠 개발자로의 영역으로 확대할 수 있을 것이다. 메타버스 관련한 새로운 일자리를 소개한다.

- **캐릭터 디자이너**

애니메이션과 아바타, 상품의 캐릭터 디자이너를 말한다. 현실의 인물이나 물건을 메타버스 환경에 맞게 재탄생시키는 일을 하며, 캐릭터에 따른 스토리텔링과 2차 창작물 개발할 수 있다. 특히, 메타버스 내에서의 아바타 디자인은 이미 많은 사람이 도전해 수익을 내고 있기도 하다. 제페토에서 판매되는 아이템 대부분이 개인 창작자가 만든 것을 보면 알 수 있다. 물론, 전문 아바타 디자이너가 되려면 아바타가 고객을 대응하는 프로그래밍 개발도 할 수 있어야 한다. 관련 인력을 꾸준히 채용 중이니 도전해 볼 만하다.

- **가상현실 전문가**

IT 기술과 디자인을 접목한 분야다. 컴퓨터 그래픽으로 가상공간을 만들어 음향과 모션 효과를 넣어 콘텐츠를 제작하는 일을 하며, 현재는 게임 등 문화 산업 콘텐츠 산업을 중심으로 하지만, 향후 군사·교육·의료 등의 분야에서 사용될 기술로 보인다. 컴퓨터디자인, 컴퓨터공학 게임그래픽을 전공하면 도움이 되며, 그래픽스운용기능사, 시각디자인산업기사, 시각디자인기사 등의 자격증을 취득하면 좋다.

- **블록체인 전문가**

정보를 조작할 수 없는 블록체인 기술을 개발하는 전문가이다. 암호화폐를 개발하는 인력으로 볼 수 있으며, 블록체인 기술과 암호화폐가 실생활에 사용될 수 있도록 소프트웨어를 개선하고 보완하는 일을 한다. 현재는 금융 거래 서비스 분야에서 활동하지만, 향후 정보산업·제조·유통 등의 다양한 분야에서 활동할 수 있을 것으로 보이며, 정부의 투자 또한 늘어날 예정이다. 컴퓨터공학, 소프트웨어공학, 정보보호학, 암호학 등을 전공하면 유리하지만, 경영과 경제, 산업공학 등에 대한 지식을 쌓는 것도 추천한다.

- 메타버스 건축가

가상의 공간에 학교, 공공시설, 사옥, 편의 시설 등의 건축물을 만드는 직업이다. 아바타가 활동하는 공간을 만드는 일을 하며, 현실을 초월한 시공간을 경험할 수 있도록 공간을 설계하고 구현할 수 있어야 한다. 기업이나 공공기관 등이 의뢰하는 공간을 디지털로 설계하는 감각이 필요하며, 컴퓨터 디자인그래픽을 다룰 줄 알아야 한다.

- 메타버스 크리에이터

유튜브 크리에이터가 각광받는 지금이지만 그 플랫폼이 메타버스로 이동할 가능성이 크다. 메타버스 내에서 아이돌이나 인플루언서로 활동하게 되며, 1세대 메타버스 크리에이터 렌지는 현재 팔로워만 31만 명에 다다른다. 현재 메타버스 크리에이터

경진대회와 교육도 개설되고 있다.

• 메타버스 직원

기업도 메타버스 내에서 일할 직원을 뽑는 추세다. 현실 세계와 같은 일을 하는데, 메타버스 플랫폼 디센트럴랜드는 최근 메타버스에서 일할 카지노 매니저를 채용했다. 추후 현실과 같은 다양한 직종, 다양한 직군의 사람들이 메타버스 속에서 일할 예정이며 기존에 일하고 있던 직원도 메타버스 교육을 통해 가상 세계에서 일을 하고 있다.

이 외에 메타버스 시대가 도래하면 우리가 예측할 수 없는 다양한 일자리가 창출될 것으로 기대한다. 사무실 없이 메타버스 플랫폼에 접속해 일하는 세상에서 어떤 일자리가 더 창출될 수 있을까? 그리고 중요한 것은 이러한 기술이 인간과의 공존을 꾀해야 한다는 것이다. 진짜 인간이 메타버스를 이용해 즐기고 창작 활동을 즐길 수 있는 것이 진정한 공존으로의 길이라 생각한다.

뉴 칼라의 탄생

메타버스에서는 새로운 직업군이 탄생하고, 메타버스 플랫폼 내에서 소비되는 각종 재화와 아이템을 설계하고 제작해 판매하는 등의 다양한 수익 모델이 창출될 것이다. 또한, 메타버스 플랫폼 기업들도 사용자들이 얼마든지 가상세계를 확장하고 설계할 수 있도록 오픈 월드로 진화하는 선순환 구조를 만들어나갈 것이다. 이전에는 1인칭 시점의 게임이 주였다면, 모바일 기기에 익숙한 MZ 세대와 알파 세대가 주축이 되어 소셜 기능이 강화된 게임을 즐기고 있다. 두 세대는 누구나 크리에이터가 되는 C 세대contents generation로서 메타버스 환경에서 현존하는 문제를 시뮬레이션해 해결하고 있기까지 하다. 아무튼 메타버스는 미래의 삶을 여러 방면으로 변화시킬 것이다.

디지털 경제 또한 거부할 수 없는 변화이다. 메타버스와 블록체인 기술이 만나면서 이미 더샌드박스The Sandbox, 디센트럴랜드Decentraland, 엑시 인피니티Axie infinity와 같은 블록체인 기반의 메타버스 게임에서는 사용자가 직접 NFT 아이템을 만들어 거래를 하고 수익을 창출하고 있다. 이들은 디지털 자산으로 담보 대출을 받고, 아티스트 작업에 대한 투자 NFT가 활용된다.

메타버스를 제작하는 데 사용되는 유니티와 언리얼Unreal 개발 플랫폼은 건설과 엔지니어링, 자동차 설계, 자율 주행 등의 다양한 산업으로의 확장에도 적용된다. 스마트폰 모바일 게임의 절반 정도가 유니티 엔진으로 제작되고 있으며, 넥슨의 V4와 카트라이더 드리프트, 엔씨소프트의 리니지 2M 등은 언리얼 엔진을 사용하고 있다. 특히 언리얼 엔진은 BMW와 협업해 렌더링 기능으로 가상 표면을 생성해 3D 프린터로 제작한 시제품을 실시간 모니터링함으로써 개발에 드는 시간과 비용을 줄이기도 했다. 이에 유니티 CEO 존 리치텔로는 현재 50만 명 이상의 학생이 유니티에서 3D 제작을 공부하고 있으며, 수년 안에 100만 명을 돌파하고 수많은 개발자 생태계가 형성될 거라 말했다.

또한, 블루칼라와 화이트칼라가 아닌 '뉴 칼라New Collar'라는 새로운 계급이 생길 것이다. 뉴 칼라란 IBM의 CEO 지니 로메티가 2017년 다보스 포럼에서 제안한 용어로, 4차 산업혁명에 맞추어 새로운 것을 창조하고 연구하는 능력이 뛰어난 계급을 말한다.

IT 보안, 빅데이터, AI, 클라우드, 프로그램 개발 관련 기술자가 여기에 해당하며 이들은 개인의 교육 수준보다 실무 능력을 중시하고 메타버스가 일상화한 세상에 살게 된다. 또한, 이들은 아이템 제작과 판매에 능하고, 가상 부동산 거래와 같은 유형의 경제를 자유롭게 이용할 것이며, 이들이 생산한 제품과 콘텐츠는 온라인 플랫폼에서 막대한 부가 가치를 창출하게 될 것이다.

2017년 다보스 포럼에서는 "전 세계 7세 아이들 중 65%는 지금 없는 직업을 가질 것"이라고 하며, 향후 5년 내 사무직 일자리가 710만 개 줄어드는 대신 데이터 분석 등의 컴퓨터 관련 일자리 210만 개가 새로 만들어질 걸로 내다보았다. 그리고 5년이 지난 지금 그 예상은 거의 들어맞다. 그 때문에 현재 뉴 칼라 양성을 위해 IBM은 우리나라를 비롯한 미국, 호주, 모로코, 싱가포르 등 28개국에서 241개의 P-TECH 학교를 통해 인재를 개발하고 있으며, 교원그룹은 미래산업과학고와 명지전문대와 함께 5

년제 통합 교육 과정으로 에듀테크 인재 양성에 힘쓰고 있다. 정부와 지자체 또한 뉴 칼라 양성에 적극적인 투자를 하고 있는 실정이다. 최근 대구시는 뉴 칼라 양성을 위한 '혁신 인재 프로젝트'를 통해 수료생 중 79%를 취업에 성공시키기도 했다.

뉴 비즈니스 모델의 탄생

내가 가상 관광 플랫폼을 만들게 된 계기는 코로나19로 관광이 사실 불가능하게 되었기 때문이다. 내가 만든 플랫폼은 라이브 데이터를 기반으로 만들어진 가상공간으로 아바타를 이용한 커뮤니티 활동과 개인의 콘텐츠 생산 및 거래, 공간 렌트가 가능

가상 관광 ZONE

라이브 데이터 기반의 가상 관광 서비스

- XR 보라가 수집하는 라이브 데이터 기반
- 기존 관광 가이드 및 사용자를 보유한 콘텐츠를 활용한 커뮤니티 운영
- 유적지와 우주 등 킬러 콘텐츠 운영 예정

명상 ZONE

사용자 데이터 기반의 멘탈케어 서비스

- XR 보라가 수집한 데이터를 활용해 힐링 지역 명상
- 정신건강의학과 교수, 심리치료사의 가이드로 제작
- AI 닥터의 건강 돌봄 서비스 운영

하다. 그러나 가상공간에서는 현실에서 경험할 수 없는 것도 경험할 수 있어야 한다. 그래서 만들고자 하는 게 우주로의 여행과 과거로의 여행 콘텐츠이다. 그 외에도 다양한 투어를 구상 중에 있다.

이렇게 뉴 비즈니스 모델은 다양한 산업에 걸쳐 나타난다. 다음은 에듀테인먼트 기반의 가상 콘텐츠이다.

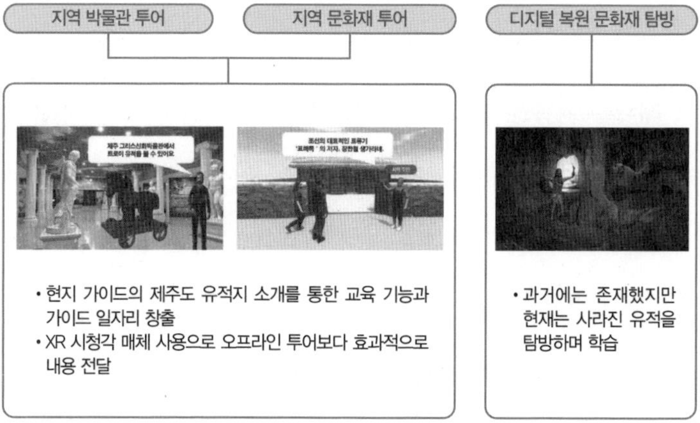

지역 문화재나 역사적인 히스토리로 엮어가는 탐험 콘텐츠로 실크로드로 교역을 하는 게이미피게이션Gamification이 살짝 들어가 있다. 디지털 복원 기술을 접목해 디지털 휴먼이 활동하게 될 것이다. 이런 식으로 교육 분야에서는 가상공간을 활용한 비대면, 원격 수업에 실감도가 높아질 전망이다. 아바타로 수업에 참여할 경우 대면 수업이나 쌍방향 원격 수업보다 심리적 부담감을 덜 수 있으며, 실수를 민감하게 받아들이지 않아 수업 참여율도 높아질 것이다. 현재는 줌을 이용하는 쌍방향 수업이나 유튜브와 같은 영상 콘텐츠를 이용해 수업을 하는 경우가 많으나 피로도가 높고 장시간 집중하기 어렵다는 문제가 있다. 그러나 메타버스 플랫폼을 활용하면 직접적인 참여와 소통이 가능하고, 다양한 의견과 정보를 부담 없이 나눌 수 있게 된다. 게다가 AI와 블록체인, 빅데이터, VR과 AR 기술을 접목해 최적화한 시각적 체험을 제공하면 조금 더 다양한 아이디어가 창출될 거라 예상된다. 예를 들어, 단순히 수학 공식을 푸는 게 아니라 3D로 시각화한 수학 문제를 푼다고 상상해 보라. 개념을 이해하고 입체적으로 사고할 수 있을 것이다.

PART 4

EVERYTHING ABOUT METAVERSE BUSINESS

메타버스 비즈니스의 모든 것

메타버스와 헬스케어 비즈니스

메타버스 기술은 의료 분야에서도 두각을 나타내고 있다. 구체적으로 메타버스 플랫폼과 기술이 의료 현장에 어떻게 사용되는지는 네 가지로 나눠 이야기하겠다.

첫째는 교육 목적의 수술실 참관이다. 수술실 참관은 원래 감염의 우려 등으로 소수의 인원만 참관할 수 있는데, 이마저 코로나19로 더욱 어려워졌다. 이에 2020년 5월에 열린 분당서울대병원의 '라이브 서저리Live Surgery'는 세계 최초 메타버스와 XR 기술을 이용한 수술 참관 프로젝트라는 점에서 언급할 만하다.

'라이브 서저리'는 메타버스로 구현된 스마트 수술실에서 실제 폐암 환자의 수술을 보여 주는 것으로 진행되었다. 여러 나라에서 모인 200여 명의 강사와 학생이 아바타로 참관했으며, 360

도 8K VR 카메라가 사용되어 세 대의 모니터로 3차원 영상으로 된 집도의 시야의 수술 과정과 수술 팀의 세밀한 기구 조작 모습, 집도의와 간호사를 볼 수 있었다. 이에 참관인은 360도 8K VR 카메라가 여러 시점에서 보고 싶은 수술 부위와 과정을 보여주어 몰입도가 높았다고 밝혔으며, 3D XR 이머시브XR immersive 기술을 통해 고품질의 음성 대화를 할 수 있었던 점도 만족도를 높였다고 말했다. 한자리에 모일 수 없는 이들이 모여 자세히 참관하고, 현실감을 느낄 수 있었다는 점에 의의가 있다.

:: GMP VR 시뮬레이션 교육 ::

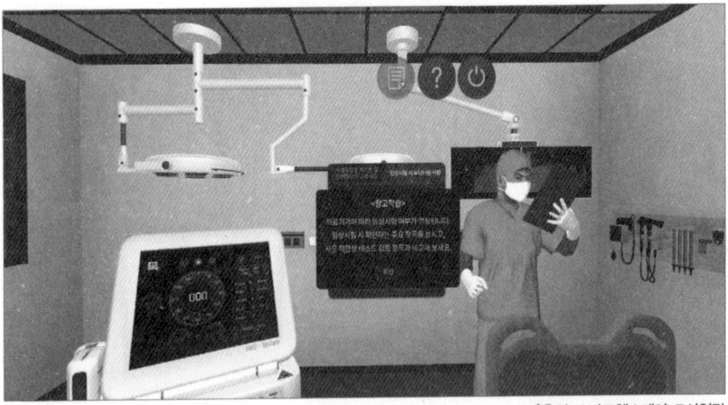

*출처: 스마트헬스케어VR사업단

둘째는 시뮬레이션 교육이다. 가상의 환자에게 치료를 반복해 실습할 수 있으며, 국내에서는 서울대학교 의과대학이 최초로 '해부 신체 구조의 3D영상 소프트웨어·3D프린팅 기술 활용

연구 및 실습'을 진행했다. 수술이나 재수술이 필요한 환자의 실제 데이터를 토대로 한 해부학 구조물을 직접 가공해 볼 수 있었으며, 의과대학생의 절대적으로 부족한 수술 훈련 시간을 늘리고 숙련도를 높일 수 있었다.

메타버스 진료실도 시뮬레이션 교육 분야에 해당한다. 디지털 환자의 촉감까지 재현되기 때문에 정맥 주사와 채혈과 같은 기술을 연마하고, 소통까지 할 수 있어서 효과적이다. 실습으로 인한 감염과 의료사고를 막을 수 있는 것도 장점이다.

셋째는 디지털 치료제이다. 앞서 이야기한 산모의 통증 감소, 뇌 질환자와 치매 환자의 재활 프로그램 활용, 우울증과 불면증, 약물 중독자의 치료와 천식, 당뇨의 치료에 사용된다.

넷째는 가상 환경 제공이다. 환자와 보호자, 병원 직원의 가족이 언제든지 메타버스 내에 구현된 병원의 가상공간을 체험할 수 있다. 실제로 일산차병원은 제페토에 이벤트 홀과 산과, 초음파실, 분만실, 행정 사무실을 구현해 두어 언제든 고객이 방문할 수 있도록 했다. 수술을 앞둔 환자는 미리 수술실을 체험해 보면서 불안을 줄일 수 있고, 일반 환자들은 조금 더 편안한 환경에서 의료 서비스를 제공받을 수 있다. 어린이와 임산부, 노령층 진료 또한 용이할 것으로 보인다.

:: 제페토에 구현된 일산차병원 ::

*출처: 네이버제트, 일산차병원

결국 의료 업계의 메타버스 활용은 질병을 치료하고 건강을 향상시키는 데에 적극 활용될 것이다. 그리고 3D 모델링 기술과 VR 연계 디지털 트윈 기술로 의대생 대상 의학 교육, 의료진 대상 수술 계획 등에 활용되어 향후 모든 개별 환자의 의료 데이터로 맞춤형 건강 관리, 수술 시뮬레이션, 맞춤형 치료 등이 가능하도록 기술이 고도화될 것이다.

그러나 메타버스 의료 산업이 자리 잡기 위해서는 기술 발전과 투자가 이루어져야 하며, 비대면 진료와 시공간을 초월한 의료 서비스 제공에 대한 법적인 보완이 이루어져야 한다.

손기술을 정교하게 추적할 수 있는 하드웨어 기술이 추가적으로 개발되어야 하며, 사용자가 만족할 수 있는 신기술을 적용하는 데 제약이 없어야 한다. 그리고 교육 내용이 축적됨에 따른 가이드라인이 명확해야 하고, 메타버스 내에서 이루어지는 과정이 실제 임상에서 수행되는 간호 기술 등의 표준에 따라 구성되어야 한다. 괴리감을 없애고 임상 현장의 경험이 녹아든 프로그램도 개발되어야 할 것이다.

메타버스를 활용한 의료 분야의 청사진을 그려 보자면, '가상종합병원'은 진료와 건강 관리, 디지털 치료제, 의료 기술 교육을 종합해 국경을 초월한 병원이 될 것이다. 의료 분야는 진입 장벽이 매우 높은 편이지만 빅데이터와 AI, 5G와 같은 첨단 기술을 XR 기술과 융합한다면 새로운 헬스케어 메타버스 시장이 열릴 것이라 생각한다.

현재 '가상 의료 캠퍼스'에서는 재난·응급 시뮬레이션 훈련을 통해 재난 사고 시 현장에서의 응급조치부터 병원으로의 이

송까지를 실습할 수 있다. 의료 인프라가 부족한 지역, 재난에 취약한 지역의 의료 서비스를 강화화고, 의료 문제를 해결하는 역할을 할 수 있으리라 기대된다. 그 외에 앞으로 메타버스 속에서 임상병리, 간호 교육, 어린이 의료 교육 등이 이루어질 전망이다.

메타버스와 에듀테크 비즈니스

가상공간을 활용한 비대면 원격 수업은 VR 등의 실감 기술로 몰입도를 높여 학습 효과를 극대화하는 방향으로 나타날 것이며, 이에 스탠퍼드대학교와 덴마크 기술대학은 VR 교육은 기존 비대면 교육 형태보다 76%의 학습 증대 효과를 줄 것이라고 밝혔다. 기존의 교육이 교사의 이야기를 듣고 질문하는 '듣기' 형태였다면 메타버스 플랫폼을 이용한 교육은 여러 콘텐츠 속에서 상호 작용하며 몰입된 경험을 제공받을 수 있기 때문이다. 다음은 국내 메타버스 플랫폼을 활용한 에듀테크 비즈니스 동향이다.

- **갤럭시티: 스쿨**

국내 VR 소프트웨어 개발사 '맘모식스'의 비대면 교육용 솔루션이다. 영상과 문서 형태의 다양한 교육 자료를 공유할 수 있고, 음성 대화와 채팅이 가능해 실제 교실처럼 수업 구현이 가능하다. 3D로 제작된 모형을 가상공간에 띄워 360도로 보거나 확대·축소할 수 있어 실감형 교육이 가능하다는 점도 특징으로 꼽힌다.

- 클래스브이(ClassV)

VR 웹툰 기업 '코믹스브이 comixV'가 VR 게임사 '페이크아이즈'와 손잡고 만든 메타버스 교육 플랫폼이다. 하나의 교실에 최대 40명이 접속할 수 있으며, 교사가 교실을 만들고 학생을 초대하는 간편한 형식으로 진행된다. 전용 기기 활용을 위한 별도의 PC를 구매할 필요가 없다는 것도 장점이다.

- 아이스크림XR

'아이스크림 홈런'으로 이미 많은 사용자를 확보한 '아이스크림미디어'가 제작한 XR 교육 플랫폼으로, 기존 디바이스에 XR 콘텐츠를 삽입하는 형식이다. 초등 학습자의 눈높이에 맞춰 학습의 몰입도를 높였다는 평이며, 온라인 체험형 콘텐츠와 체험 키트를 선보일 예정이다.

• XR판도라

'한글과컴퓨터그룹'의 메타버스 플랫폼 기업 '한컴프론티스'가 개발한 가상 교육과 가상 회의 플랫폼이다. 사용자의 모션 그대로를 아바타에 반영할 수 있으며, 문서와 음성을 공유할 수 있다.

• 코드얼라이브(codeAlive)

교육 기업 'CMS에듀'가 '유니티'와 손잡고 만든 메타버스 기반의 코딩 교육 프로그램이다. 학습자가 가상의 세계에서 아바타로 활동하며 파이썬 프로그래밍을 쉽게 배울 수 있으며, 게임과 소프트웨어를 직접 만들어 볼 수 있다.

• 호두잉글리시

에듀테크 기업 '호두랩스'가 출시한 MMORPG 방식의 영어 학습 프로그램이다. 학습자가 가상세계에서 주인공이 되어 미지의 대륙을 탐험하고 캐릭터들과 대화할 수 있으며, 아바타와 방을 꾸밀 수 있다는 게 장점이다.

이렇게 메타버스 에듀테크 비즈니스는 공교육뿐 아니라 다양한 사교육 현장에 사용되고 있으며, 자폐 아동과 가족을 위한 플랫폼으로도 개발되고 있다. 그러나 체험형이기 때문에 게임처럼

:: 메타버스에 구현된 강의실 ::

느껴진다는 건 단점일 수 있다. 배움의 본질이 퇴색되고 재미로만 느끼거나 산만해질 수 있어 주의가 필요하며, 영유아 시장으로도 확대된 만큼 현실에서도 대인관계를 이어 나가고 신체 활동을 할 수 있도록 교육해야 한다.

또한 사업적으로는 일회성 콘텐츠로 끝나는 게 아니라 다양한 플랫폼에서 사용되어 짧은 시간 내에 적은 비용으로 사업을 진행할 수 있어야 한다. 단순한 언어의 전달이 아니라 감각을 통한 경험을 제공해 교사와 학습자 모두 만족할 만한 플랫폼을 만들어야 한다.

메타버스와 가상자산 비즈니스

메타버스 플랫폼을 통해 실물 경제 체계가 완성되려면 '가상자산'의 존재가 필수다. 특히 다양한 가상자산 중에 암호화폐가 암호화폐 거래소에 상장될 경우, 현실 세계에서도 그 가치를 인정받을 수 있을 것이다. 메타버스 경제가 커질수록 은행 및 증권사 등의 전통적인 금융 거래소에서 가상자산을 환전할 날이 앞당겨질 거라 생각한다.

MMORPG와 같은 기존의 게임 서비스에서는 게임 콘텐츠가 가상세계에 머물러 있었다. 아이템도 회사 소유였으며, 사용자는 단순히 소비자에 불과했다. 온전히 게임 캐릭터를 소유할 수 있는 장치조차 없었으며 위변조에도 취약했다. 그러나 현재 블록체인을 기반으로 한 메타버스 게임에서는 아이템이 NFT로 토큰화되어 있어 위변조가 어렵다. 블록체인 데이터는 공개적이고 투명하며 추적이 쉽다. 부분 소유권을 인정하여 토큰을 1/n과 같은 형태로 나눠서 거래할 수도 있으며, 게임 아이템과 실물 자산, 예술품과 사치품, 수집품 등을 토큰화해 거래할 수 있다. 이렇게 토큰화된 아이템은 메타버스 안에서 자유롭게 거래가 가능해 실질적인 수익을 얻을 수 있다. 사실 가상자산 비즈니스야말로 사실 메타버스 비즈니스에서 가장 단기간에 성장한 분야가 아닌가 싶다.

앞서 말했듯이, 메타버스 안에서는 누구나 콘텐츠 생산이 가능하고 실제로 경제적 이득을 취할 수 있다. 로블록스는 10대 백만장자를 배출했으며, 제페토에서는 다양한 명품 업체가 입주해 물건을 판매하고 있다. MZ 세대는 가상공간에서 디지털 상품을 구입하는 걸 자연스럽게 받아들이며, 소비 자체를 일종의 게임처럼 즐긴다.

아래는 가상 부동산 게임 '어스2 earth2'로 지구상의 모든 토지를 10×10으로 쪼개 암호화폐로 사고팔 수 있는 플랫폼이다. 위성 이미지를 이용해 지구를 가상 행성으로 설정한 뒤, 토지를 사고파는 것이다. 사용자들은 실제로 경쟁적으로 부동산을 구매한다. 현실의 부동산값이 수요와 공급에 따라 형성되듯이 게임도 그러하다. 사람들이 이를 대체 투자 수단이 된다고 판단했기 때문이다.

:: 가상 부동산 플랫폼 '어스2' ::

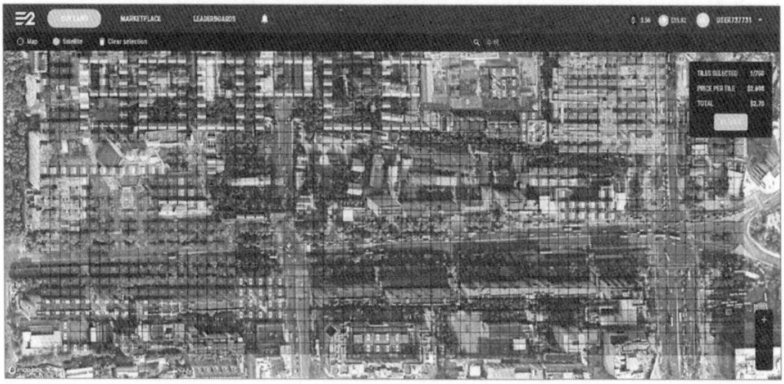

*출처: 어스2

이 외에 카카오게임즈는 핵심 계열사 '프렌즈게임즈'와 '웨이투빗'을 합병해 NFT를 활용한 게임과 음원, 영상, 미술품 등의 디지털 자산을 유통하는 플랫폼을 구축할 계획이며, 넥슨은 가상 거래소에 직접 투자를, 위메이드는 블록체인 기술을 접목한 게임인 '미르4'를 출시하기도 했다.

메타버스와 이동통신사 비즈니스

이동통신사 분야 또한 메타버스 비즈니스 플랫폼으로 진화 중이다. SKT와 KT, LG 유플러스는 AR과 VR을 활용한 각종 콘텐츠와 서비스를 출시해 시장 선점을 위해 본격적인 서비스 개발에 나서고 있으며, 특히 대량의 데이터가 오가야 하므로 자사의 5G 네트워크 인프라 확장에 힘쓰고 있다. 3사 이동통신사의 메타버스 개발 사업에 대해 알아보자.

• SKT

SKT의 기존 메타버스 플랫폼 '점프 버추얼 밋업'은 3차원의 가상공간에서 최대 120명까지 모일 수 있으며, 대형 스크린과 무대, 객석 등을 구현했었다. 각종 콘퍼런스와 강의, 모임이 가능해 순천향대학교가 이곳에서 입학식을 치렀으며 57개 학과

2,500명의 신입생이 과 잠바를 입은 아바타로 입장했다. 그리고 지금은 업그레이드된 '이프랜드'를 출시해 처음 접속하는 이들이 쉽고 간편하게 메타버스 세상을 즐길 수 있도록 하고, 성별과 키, 헤어스타일 등 총 800여 종의 코스튬을 마련해 아바타를 꾸밀 수 있게 했다. 타인의 아바타와 SNS 소셜 기능을 통해 커뮤니케이션할 수도 있다. 최근에는 누리호 발사를 생중계해 메타버스 활용 능력을 실험했으며, 앞으로 '마켓 시스템'과 '공간 제작 플랫폼'을 도입해 아바타를 꾸미고 아이템을 판매할 수 있는 기능과 자신만의 공간을 만들어 사용할 수 있는 기술을 선보일 예정이라 밝혔다. 그리고 2020년 2월에 MBC에서 방영한 VR 휴먼 다큐멘터리 〈너를 만났다〉를 제작한 버추얼 프로덕션 전문 스튜디오 '비브 스튜디오스'와 손잡고 3D 기반의 CGI 및 실감형 콘텐츠 구현에 힘쓰고 있으며, 리얼타임 3D 제작 기술 및 VFXVisual Effects, 특수 영상 기술을 접목시켜 메타버스 서비스의 시너지 효과를 가져올 것으로 예상한다.

• KT

KT는 '메타버스 원팀'을 꾸려 자사를 포함한 VR, AR, MR 관련 딜루션, 버넥트, 코아소프트, 위지윅스튜디오, 스마일게이트

스토브 등 9개 기업, '한국가상증강현실산업협회'와 함께 메타버스 생태계를 구성하는 시장 경험과 기술 정보를 공유하며 메타버스 헬스케어 및 교육, 스포츠 시장으로의 확장을 꿈꾸고 있다.

KT의 메타버스 플랫폼 'KT 리얼큐브 KT Real Cube'는 별도의 VR·AR 디바이스 없이 가상 체험이 가능하다. 용산구청과 용산구 내의 4개 기관에서 어린이와 시니어의 비대면 체육 활동과 치매 예방 활동 지원을 시작해, 강남구와 동대문구 등으로 사업을 확장한 상태다. 또한 앞으로 LF 홀로그램 기술 연구와 사업화에 주력할 예정이라고 밝히며 2014년에 네트워크 기반의 VR 서비스, 도심형 VR 테마파크 등의 실감형 미디어 서비스를 제공해온 경험을 통해 그 가능성을 설명했다.

• LG 유플러스

LG 유플러스는 전 세계 5G 콘텐츠 글로벌 연합 'XR 얼라이언스'의 의장 사다. 고품질 XR 콘텐츠를 제작하기 위해서는 막대한 비용이 필요하므로 이들 연합체는 XR 콘텐츠를 연계해 공동 개방하며 비용을 절감하고, 기술적 완성도를 높이는 데 힘쓰고 있다. 캐나다의 '벨 캐나다', 미국의 '퀄컴 테크놀로지', 일본의 'KDDI', 중국의 '차이나텔레콤', 캐나다·프랑스의 '펠릭스 앤 폴

스튜디오', '아틀라스 파이브' 등의 참여 아래 출범했으며, 최근에는 버라이즌, 오렌지, 청화텔레콤, 트리거가 합류해 총 7개 지역 10개의 사업자가 참여한 상태다. 세계 최초의 5G 콘텐츠 동맹체라 볼 수 있다.

이들의 첫 콘텐츠는 'Space Explorers: The ISS Experience'로 360도 3D로 촬영한 실제 우주 공간을 VR로 체험할 수 있는 콘텐츠다. 세계 유명 공연과 동화, 애니메이션, 스포츠 스타 다큐멘터리 등의 프로젝트를 기획 중이며 실감형 콘텐츠 영역을 확장할 예정이다.

또한, LG 유플러스는 최근 VR을 기반으로 한 아이돌 온라인 전시관을 통해 SM 엔터테인먼트 '엑소'의 사진, 영상, 음성, 손 글씨, 미공개 영상 등을 6개의 테마관으로 나눠 전시하고, 여기에 공간 이동이라는 새로운 체험을 가능하게 했다. 그 외 여러 엔터테인먼트 기업과 손잡고 2,100편의 VR 콘텐츠를 보유하고 있으며, 메타버스 플랫폼인 'U+VR'의 실감형 콘텐츠를 계속 개발할 예정이다.

LG테크놀로지벤처 또한 현재 미국의 가상 엔터테인먼트 콘텐츠 분야의 스타트업 웨이브에 투자한 상태다. 2020년 12월,

AR·VR 기반의 협업 플랫폼 개발 기업 스페이셜과 함께 자사에서 상용화한 5G AR 디바이스인 U+리얼 글라스를 통해 가상세계에서 아바타로 회의할 수 있는 서비스를 선보였으며. 최대 10명의 사용자가 가상공간에 모여 대화와 간단한 제스처를 통한 설명이 가능하게 했다. LG 유플러스 관계자는 '가상회의 시스템 개발은 아직 내부에서 시작하는 단계라 고객 불편 등을 점검해 연내에 상용화에 나설 계획'이라고 한다.

메타버스와 마케팅 비즈니스

메타버스 마케팅 비즈니스는 코로나 팬데믹으로 비대면 문화가 확산하고 사회적 거리 두기가 실시되며 확대된 분야다. 특히 문화·예술 등 엔터테인먼트 분야에서 두드러지는데, 포트나이트에서 열린 트래비스 스콧의 콘서트는 1,200만 뷰, 제페토에서 열린 YG 엔터테인먼트의 블랙핑크 팬 사인회는 4,600만 명이 참여했다. 그곳에서 팔린 디지털 물품으로는 슈퍼히어로 의상과 구찌, 루이비통 의상, 아이돌 굿즈 등 다양하다. 자연스럽게 홍보의 장이 된 것이다. 그래서 국내에서도 메타버스 플랫폼으로의 투자가 활발히 진행되고 있다. 아래는 포트나이트에서 열린 콘서트 참가자 수와 네이버Z에 투자한 국내 엔터테인먼트 현황이다.

:: 메타버스 내 콘서트·투자 현황 ::

〈포트나이트에서 열린 콘서트 참가자〉

단위 : 백만 명

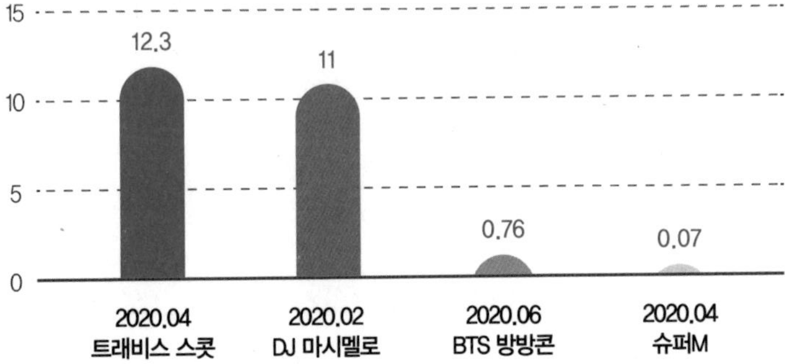

〈네이버Z에 투자한 엔터테인먼트사와 투자 금액〉

그 외에 한국관광공사는 제페토에 익선동과 한강시민공원 등의 관광지를 구현해 한국 여행 홍보에 나서기도 하며, 시카고 역사박물관은 AR·VR 기술을 활용해 박물관 전시품을 재현했다. 또한, 버추얼 휴먼의 활동도 메타버스 마케팅 비즈니스에 해

당한다. '싸이더스 스튜디오 엑스'의 버추얼 인플루언서 로지는 3D로 모델링한 뒤 그 위에 피부와 뼈, 신경망을 심는 등의 세밀한 피부 표현을 통해 완성된 가상 인물이다. 10만 명 이상의 인스타그램 팔로워가 존재하며, 현재 신한라이프 TV 광고 모델로 974만 회의 광고 조회 수를 기록하고 있다.

그렇다면 메타버스 마케팅 비즈니스 영역은 앞으로 어떤 형태로 전개될까? 이미 많은 기업이 메타버스를 새로운 기회로 인식했다. 엔비디아는 실제와 같은 가상세계를 이용해 쉽고 빠르게 구현하는 실시간 3D 디자인 협업 플랫폼인 '옴니버스'를 출시했다. 최초 모델링부터 최종 렌더링까지 모두 클라우드에서 실시간으로 작업할 수 있는 개발자를 위한 플랫폼으로, 가상세계에서 다수의 개발자와 협업이 가능하며 디지털 트윈을 통한 다양한 산업 분야의 시뮬레이션을 할 수 있다.

마이크로소프트의 원격 협업 플랫폼 '메시'는 서로 다른 지역에 사는 사용자들이 아바타를 통해 한 공간에서 일하는 것 같은 MR 기반의 메타버스 플랫폼이다. 교육, 설계, 디자인, 의료 등 다양한 분야의 협업이 가능하다. 그리고 AR 기반의 개발자 메타버스 플랫폼으로는 애플의 'AR킷 ARKit'과 구글의 'AR코어

ARCore'가 있다. 제조, 디자인, 유통 등 다양한 분야의 메타버스 앱 개발을 할 수 있다.

국내 기업 중 '직방'은 본사를 없애고 자체 개발한 '메타폴리스' 메타버스 플랫폼을 일하는 공간으로 사용한다. 직원들은 모두 아바타로 메타폴리스에 입장하며, 향후 다양한 박람회를 개최할 예정에 있다. 또한, 디지털 트윈 기술을 적용해 현실과 가상의 업무를 유기적으로 연결할 계획이다.

메타버스와 여행 비즈니스

나는 메타버스를 활용해 가상 관광 비즈니스를 하고 있다. 지금까지 시장에 나온 메타버스 플랫폼이 완전히 가상으로 이루어진 공간에서의 여행 체험이나 커뮤니티를 지향하는 플랫폼으로 개발해 왔다면, 우리는 생생한 현실 세계를 가상의 세계로 끌어와 가상과 현실이 공존하고 융합하는 새로운 형태의 서비스를 제공하고자 한다.

현재 가상 관광 플랫폼 적용 사례를 살펴보자면, 서울 관광재단에서는 '버추얼 팀 빌딩' 게임을 통해 서울시청 광장에서 윷놀이를 하거나 세빛섬에서 등을 날리며 서울을 체험할 수 있게 했고, 전주시는 제페토에 전주 한옥마을을 3D로 구현해 가상 공간에서 전주를 즐기게 했다. 여행 업체도 메타버스를 마케팅에 적극적으로 활용하는 추세다. '트레볼루션'은 제페토에 구현한 석촌호수와 롯데월드 맵에서 할인 쿠폰을 찾으면 여행 패키지 상품을 할인해 주며, '하나투어'는 리얼월드 게임 키트와 게임 속 해당 지역의 호텔을 결합한 여행 상품을 개발했다. 그리고 '현대모비스'는 유튜브 라이브로 연결해 스페인의 바르셀로나와 이탈리아의 피렌체, 터키의 이스탄불을 2시간 가까이 투어 시켜 주기도 한다. 여행과 체험의 결합이라고 볼 수 있다.

나는 현재 제주도를 시작으로 세계 곳곳을 여행할 수 있는 관광 힐링 투어 플랫폼인 '메타라이브'를 준비하고 있다. 단순히 형태만 구현한 가상 관광이 아니라, 현실의 관광과 생태계를 메타라이브 속에 그대로 옮겨와 코로나19로 인해 우울감과 정신적·육체적 스트레스를 받고 있는 사람들에게 일상의 힐링을 제

:: '메타라이브' 제주도 애월 가상 관광 ::

공하는 것을 목표로 하고 있다. 오프라인 관광 업계가 존폐 위기에 놓인 지금, 코로나19로 여행을 하지 못하는 이들뿐 아니라 생계를 잃은 관광 가이드들에게 새로운 수익을 창출할 기회를 주고 싶다. 여기에는 나만의 특별한 두 가지 노하우가 있다.

첫 번째는 '라이브 데이터'다. 나는 가상으로 재현한 공간뿐 아니라 해당 관광지의 생생한 라이브 데이터를 기반으로 여행지를 구성했다. 우리가 개발해 시중에 납품하고 있는 'XR 보라 XR BORA'는 현실의 지형지물을 관측해 XR 정보를 띄워 주는 디지털 망원경이다. 나는 이 망원경을 설치하는 데서 끝내지 않고 각 지역에 설치되어 수집하는 라이브 데이터에 주목했다. XR 보라는 세 가지 모드를 제공하는데, '라이브 모드'에서는 관광지의 선명한 실시간 풍경을 감상할 수 있다. 그 절경을 찍어 스마트폰에 저장할 수 있다. '클리어 모드'에서는 계절과 시간대에 따라 축적된 데이터를 통해 흐린 날에도 맑은 날의 풍경을 감상할 수 있다. 마지막으로 'AR 모드'에서는 3D로 구성된 관광지의 동식물과 문화재, 명소 등에 대한 정보를 제공한다. 우리는 이렇게 수집한 라이브 데이터를 메타라이브에 결합해 현실과 가상이 공존하는 공간을 만든다.

:: XR 망원경 BORA ::

또한, 메타버스의 핵심은 가상공간에서 현실과 연관된 사회·경제·문화 활동을 할 수 있고 상호 연결성이 있어야 한다는 것이다. 이에 XR 보라는 현실의 데이터를 정기적으로 수집해 가상의 공간과 융합하는 콘텐츠 제작을 가능하게 한다. 실제 관광지의 영상을 바탕으로 배경을 제작하고, 그 위에 가상공간으로 지면을 만들어 붙인다. 관광지의 날씨와 풍경을 연동해 즐길 수 있는 것이다.

현재 XR 보라는 메타라이브 내부와 파주 도라산 전망대에 3대가 설치되어 있으며 2022년까지 국내 전 관광지에, 2023년까지 해외 전 관광지에 설치를 목표로 하고 있다. XR 보라를 메타버스와 연동하면 모바일 환경에서도 전국에 있는 전망대를 돌아다니며 여행을 할 수 있다.

특별한 노하우 두 번째는 '메타렉스METAREX'다. 우리는 '메타버스 속에서 개인과 기업이 경제 활동을 하는 장'을 마련하는 것을 매우 중요하게 생각했다. 그래서 빗썸글로벌에 상장된 가상화폐 '아스터코인ATC'을 발행한 (주)텐스페이스와 협업하여 가상 부동산 거래 서비스를 제공하는 한국형 어스2, '메타렉스'를 만들었다. 메타렉스를 통해 가상 부동산을 구입하면 메타라이브에 해당 자산이 시각화된다. 기존의 가상 부동산 거래는 실제로 눈에 보이는 것이 없었지만 메타렉스는 메타라이브를 통해 가상 건물을 지을 수 있다. 2021년 7월 베타 서비스를 통해 가상 부동산 판매가 이루어졌고 놀랍게도 5억 원 이상이 판매되어 가상 부동산에 대한 사람들의 관심을 확인할 수 있었다. 2021년 11월 1일에 정식으로 오픈했으며, 현실과 가까운 생태계를 만들 계획이다.

우리는 건물을 짓거나 임대를 하며 건물주가 되거나 임차인이 된다. 그리고 매장을 내거나 회사를 설립할 때 내부 인테리어를 한다. 메타라이브도 마찬가지다. 메타버스 내에서 캐릭터 아트 숍을 내고 싶은 업체가 있다면 메타렉스에서 직접 부동산을 구입하거나 임대해 입주하고, 가상공간을 꾸미면 된다. 3D 디자인에 자신이 없다면 메타라이브에서 활동하는 '가상공간 전문 인테리어 디자이너'를 고용할 수 있다. 제페토 내에서 크리에이터들이 활동하듯이 메타라이브에서는 조금 더 폭넓은 직업을 선택할 수 있다.

또한, 현실과 같은 프로세스로 입점한 매장은 AI 휴먼을 활용해 고객을 응대할 수도 있으며, 상권이 형성되면 실제 부동산처럼 시세가 변동할 것이다. 현실과 긴밀하게 연결된 차별점이 메타라이브가 메타버스 골드러시 속에서 살아남기 위한 필승 전략인 셈이다.

나만의 아바타 여행으로 끝나지 않고 먹거리와 즐길 거리, 볼

:: 메타렉스의 'YG 엔터테인먼트'의 사옥 내부 ::

거리로 만들어지는 여행은 메타라이브의 자체 콘텐츠뿐만 아니라 지자체와의 협력과 기업과 개인의 경제 활동 속에서 자연스럽게 다채로워질 것이다. 전 세계 누구나 방문하고 콘텐츠를 소비·생산할 수 있으며 기업과 지자체가 브랜드를 알리는 홍보의 장, 새로운 직업과 수익이 창출되는 장이 되길 바란다.

메타라이브에 추가될 콘텐츠에 대해서도 언급하고 싶다. 관광에서 빼놓을 수 없는 산업이 바로 마이스MICE 산업과 호텔 관광업이다. 코로나19로 출장과 관광 등으로 우리나라를 방문하던 외국인들이 줄면서 가장 큰 타격을 입은 분야이기도 하다. 나는 국제 콘퍼런스 및 세미나, 카지노, 클럽, 결혼식 등을 유치해 수익을 내는 호텔 관광업에서 메타버스가 적합한 대안이라고 생각해 메타라이브에 서울을 기반으로 한 가상 마이스 컨벤션과 가상 관광 등을 연계할 방안을 마련하고 있다. 호텔의 컨벤션 룸을 가상공간으로 제공하고 콘퍼런스에 참여하는 사람들이 그 안에서 세션을 듣고 소통할 수 있기를 바란다. 비즈니스 상담, 바이어와 셀러 간 일대일 비즈니스 상담 매칭도 가능할 것이며, 행사가 끝나면 메타라이브 투어를 통해 서울의 관광지를 돌아보고 저녁에는 온라인 카지노에 아바타로 입장해 생생한 카지노 게임 머니를 구입하고 디지털 휴먼 딜러가 나누어 주는 카드 패로 게임을 즐기며 휴식을 취할 수 있을 것이다. 또한, 울트라 뮤직 페스티벌과 같은 행사를 열기도 하고, 호텔 클럽과 라운지에서 유명 DJ가 공연을 하는 '메타라이브 클럽'은 360도 영상으로 스트리밍을 송출하고, 상품과 객실 패키지를 판매할 예정이다. 이처럼 메타라이브 속의 호텔과 마이스 산업은 앞으로 결혼식과 같은 개인의 이용으로까지 뻗어나갈 잠재력을 충분히 가지고 있다.

:: 메타렉스와 메타라이브의 상관관계 ::

메타버스와 제조업 비즈니스

VR 인텔리전스의 2019~2010년 XR 산업 사이트 보고서에 따르면 2019년부터 개별 제조 라인 및 판매 라인을 갖춘 중견 기업들은 AR과 VR 솔루션에 10억 달러 이상을 지출하고 있는 것으로 조사되었다. 주로 디자인 설계와 엔지니어링, 의료, 건설 분야에 집중되어 있으며 AR을 활용해서는 제품 설계와 시제품 제작, 협업, 교육, 외부 커뮤니케이션을 하고 있다.

제조 현장은 늘 변수가 많고 불확실하다. 그래서 메타버스 활용은 이러한 현장의 특수성을 고려한 의사 결정과 시뮬레이션을 통한 최적의 방안을 찾는 일에 매우 유용하다. 제조업 분야에서는 실시간으로 고객과 시장의 반응을 읽어내는 민첩성이 필요하다. 그래서 몰입형 기술을 활용해 기존의 문제를 새로운 시각으로 바라보며 설계와 제조 공장 자동화를 가속화하고 생산 비용을 절감한다. 그리고 디지털 트윈을 통해 정보를 취합하고 수많은 가상 시나리오를 생성해 최적의 대안을 찾고, 빅데이터와 인공지능을 통해 가상현실과 상호 작용하며 생산 방식을 효율적으로 개선하기도 한다.

실제로 세계 최고의 방위산업체인 '록히드 마틴Lockheed Martin'은 2017년부터 마이크로소프트의 홀로렌즈를 이용해 실제 생산 라인 조립 과정에서의 제작 기간을 90% 단축했으며, 홀로렌즈2는 도요타와 벤츠, 벤틀리 모터스 등의 다수 제조 회사에서 사용 중이기도 하다. 또한, 아우디 본사는 대형 VR 디자인 스튜디오를 설립해 신제품의 디자인 및 각종 기능을 시제품처럼 체크하고 수정해 제작 기간과 비용을 절감했다. 핵심 기능만 넣은 모델을 제작해 시연하던 방식을 가상 렌더링으로 대체해 빠르게 문제를 식별하고 여러 번 모델을 만드는 작업 비용과 시간을 감축한 것이다.

그리고 BMW 그룹은 엔비디아의 옴니버스를 활용해 디지털 트윈으로 작업자의 움직임과 각 조립 로봇과의 상호 작용, 전체 조립 흐름과 공정의 문제점, 효율 제고를 메타버스 플랫폼을 이용해 조립 설비와 부품 공정의 단계별 작업 지시 및 동영상·애니메이션 등 3D 모델의 AR 콘텐츠가 작업자의 능률을 높인다는 것을 확인했다. 현실 세계와 동일한 부분의 위치와 이동 경로 및 라인 변경 등으로 불량률과 생산 효율을 검증한 것이다.

우리나라의 경우에는 두산중공업이 MS 디지털 트윈으로 풍력 발전소를 가상화하여 운영·관리 업무를 개선하였으며 사물인터넷 센서로 수집한 실시간 데이터를 발전소 가상 모델과 연계하여 전력 생산량을 예측하고 있다.

디지털 트윈 digital twin

가상공간에 현실 세계의 기계나 장비, 시스템 등을 소프트웨어로 가상화해 똑같이 구현한 것을 말한다. 2003년 미시간대학교의 경영 수업에서 최초로 언급된 개념으로 2012년 나사에서 비행 물체 제조에 디지털 트윈 기술이 미칠 영향을 연구했고, 2015년에 기술전략로드맵에 디지털 트윈 기술을 이용했다. 이후 미국의 제너럴 일렉트릭이 기계에서 발생하는 대규모 데이터를 분석하고 수집해 사물 인터넷으로 연결해 구현해 주는 플랫폼을 공개하며 주목받기 시작했으며, 현재 '가트너의 기술성장주기 보고서'에서 떠오르는 신기술로 선정되기도 했다.
디지털 트윈 기술을 이용하면 시뮬레이션을 통해 문제점을 발견하고 기능을 검증하며 다양한 시나리오를 생성할 수 있다. 물리적으로 여러 번 시행착오를 거쳐 달성할 수 있는 노하우를 빠르고 정확하게 얻을 수 있으며, 제품 출시 이후에도 유지와 보수에 이용할 수 있다.

또한, 제조업 분야에서 많이 활용될 기술이기는 하지만, 현재 가상 도시를 구현해 다양한 정책을 시뮬레이션하는 데도 사용하고 있다. 국내에서는 세종시가 스마트 시티를 디지털 트윈 플랫폼을 이용해 적용할 계획에 있으며 교통, 주거, 안전, 보건, 에너지, 환경 등의 주요 이슈 개선에 유용할 것으로 보인다.

지속 가능한 메타버스 비즈니스

메타버스가 성장하려면 플랫폼 기술이 선행되어야 한다. 많은 투자와 기술 개발이 필요하므로 자본력과 기술력을 갖춘 대기업 위주인 건 사실이지만, 결국은 5G와 클라우드 등의 인프라 기술 및 하드웨어 개발과 디바이스 혁신, 양질의 콘텐츠를 생산할 수 있는 기업이 시장을 선도할 것이다. 또한, 메타버스 비즈니스가 게임과 엔터테인먼트 분야가 주를 이루지만 머지않아 쇼핑과 광고, 방송, 패션, 유통 등 다양한 분야로 확장될 것이다. 메타버스 기업별로 발생하는 수익원은 다음과 같다.

- 인프라: 5G, 클라우드, 솔루션 이용료 등
- 하드웨어: 디바이스와 부품 판매 등
- 소프트웨어/콘텐츠: 라이선스 이용료, 플랫폼과 서비스 구축 비용, 추

가 솔루션 이용료 등

- 플랫폼: 광고, 아이템 거래 수수료, 오프라인 브랜드 입점료, 가상자산 거래 수수료, 공연 관람 수수료, 멤버십 서비스 등

완전한 메타버스 플랫폼이 되기 위해서는 다음 일곱 가지 조건이 필요하다Matthew Ball, 2020. 첫째, 지속성이 있어야 한다. 리셋과 일시 중지, 종료가 없는 무기한 지속이 가능해야 한다. 둘째, 동가성과 실시간성을 갖춰야 한다. 모든 사용자에게 일관된 살아 있는 경험이 실시간으로 제공되어야 한다. 셋째, 참가 인원에 제한이 없어야 한다. 모든 사용자가 특정 장소에서 특정 행동을 동시에 할 수 있어야 한다. 넷째, 메타버스 내에서 완전한 자체 경제가 가능해야 한다. 개인과 기업 모두 부가 가치를 창출하고, 소유와 투자, 판매, 보상 등의 경제 활동을 할 수 있어야 한다. 다섯째, 경험이 확장되어야 한다. 온·오프라인 간의 상호 작용, 개인 네트워크와 공용 네트워크 간의 상호 작용, 개방형 플랫폼과 폐쇄형 플랫폼 간의 확장 가능성이 있어야 한다. 여섯째, 데이터와 디지털 자산 등의 상호 운용성이 보장되어야 한다. 디지털 자산을 여러 플랫폼으로 전송이 가능해야 한다. 일곱째, 광범위한 기여자들이 제작·운영하는 콘텐츠를 경험할 수 있어야 한다. 개인

과 비공식 그룹, 상업적 거대 기업 등 다양한 주체의 참여 가능성이 열려 있어야 한다.

그렇다면 메타버스가 전 비즈니스 영역으로 확장하기 위해서는 어느 정도의 기간이 필요하며, 어떤 변화를 이끌 것인가? 글로벌 VR·AR 시장은 2030년에 약 1,700조 원에 달할 전망이며, 지금보다 15배 규모 성장한 걸로 예측하고 있다. VR·AR 시장의 폭발적 성장은 메타 구 페이스북가 오큘러스를 인수하며 세계 VR 디바이스 출하량의 75%를 점유하며 이뤄졌다. 타 플랫폼과의 연결 없이 자체적으로 즐길 수 있는 풍부한 콘텐츠 범용성이 있었기에 가능했으며, 여기에 오큘러스 없이는 실행이 불가능한 '호라이즌'이 출시됨으로써 메타버스 서비스가 본격화될 거라 예상한다. 애플의 CEO 팀 쿡 Tim Cook은 AR이 곧 대중의 삶에 스며들 것이라며 애플이 보유한 아이폰, 웨어러블, 소프트웨어 등의 생태계에 AR 글라스로의 소비자 유입을 유도하고 있다. 메타와 애플은 하드웨어의 대중화와 메타버스 플랫폼의 확장으로 우리 생활을 변화시킬 것이다.

메타버스 기술과 산업의 성장은 스마트 시티와도 연관이 깊다.

미국, 캐나다, 영국, 중국, 인도, 싱가포르와 같은 전 세계 주요 국가들이 메타버스 기술을 통한 스마트 시티 현실화에 박차를 가하고 있다. 스마트 치안, 스마트 의료, 스마트 교육, 스마트 모빌리티 등 다양한 미래형 도시 형태로 교통 체증 해소, 범죄 예방, 재난과 기후 변화 대응, 경제 성장 촉진, 인구 고령화 등에 대비할 것이다.

우리나라의 경우에는 2023년 '5G 특화도시' 건립을 추진한다. '스마트 스쿨, 자율 주행 자동차, 스마트 공장, 메타버스 마켓, 스마트 치안' 다섯 가지 핵심 서비스를 바탕으로 구체적인 기획을 마무리했고, 2022년에 사전 평가와 후보지를 선정하고, 2023년부터 구축을 시작할 예정이다. 5G 특화도시를 위한 다섯 가지 핵심 서비스는 구체적으로 다음과 같다.

- **스마트 스쿨**

5G 기반 VR·AR 기술을 접목해 초실감 비대면 교육을 가능하게 한다.

- 자율 주행 자동차

관제실에서 자율 주행 자동차의 주행 정보를 5G로 송수신하여 핸들이 없는 자율 주행을 가능하게 한다. 현재 셔틀버스의 자율 주행을 시범으로 하고 있다.

• 스마트 공장

5G 기술을 활용한 생산 공정 자동화 및 디지털 트윈, 안전 관리 플랫폼으로 공장의 스마트 시스템을 구축한다. 제조의 혁신을 통해 기업과 근로자가 쾌적한 환경에서 일할 수 있도록 도시 인프라를 개선할 계획이다.

• 메타버스 마켓

소상공인을 위한 메타버스 플랫폼을 확장할 예정으로, 소상공인 밀집 지역을 마켓으로 구현해 신규 판로를 지원한다.

• 스마트 치안

AI와 결합한 드론과 로봇이 사각지대 없는 치안 활동을 벌인다.

정부는 위의 서비스를 위한 전문 기업 육성을 위해 뉴딜 펀드를 조성해 민간 중심의 인재 양성과 전문 기업 발굴에 힘쓰고 있다.

메타버스 플랫폼의 동향과 전망

메타버스 패러다임이 완성되면 새롭게 유리한 위치에 서는 건 누구일까? 기업과 국가가 메타버스에 탑승하려면 어떤 요소를 갖춰야 할까? 기존에는 콘텐츠 위주의 메타버스 산업이 발전했다면 앞으로는 제조, 의료, 교육, 관광 등의 전 산업으로 확장될 것이다. 그러나 메타버스를 기반으로 한 전 산업의 성공이 자리 잡으려면 공공과 민간의 효율적인 협업이 있어야 한다. 이를 위해 우리나라는 '디지털 뉴딜 2.0' 사업에 5년간 46조 6,000억 원을 투입하겠다고 밝혔으며, 과학기술정보통신부는 현대자동차, 분당서울대병원, 네이버랩스, 라온텍, 버넥트, 맥스트, SK텔레콤, KT, 카카오엔터, LG 유플러스, CJ ENM, 롯데월드 등이 참여하는 '메타버스 얼라이언스'를 출범시켰다. 정부와 민간이 협력하여 각 역할에 맞게 메타버스 산업을 이끌어갈 것이다.

메타버스 생태계는 디바이스와 플랫폼, 콘텐츠로 구성된다. 디바이스와 플랫폼은 빅 테크 기업 간의 패권 경쟁이 지속되고 있으며, 콘텐츠는 게임사와 소셜 네트워크 기업, 스타트업 기업이 각축전을 벌이고 있다. 여기에 앞으로는 사용자 편의성을 더한 디바이스 기술과 SNS 형태의 메타버스 세계에서 파생하는 다양한 모델의 비즈니스까지 확장되어 글로벌 기업이 시장에 뛰어들게 될 것이다.

초기 메타버스는 게임에서 시작했다. 여기에 2D에서 3D로 진화하고, PC와 모바일, HMD 등 다양한 기기로 접속이 가능해지며 가상공간의 라이프가 등장했다. 게임뿐 아니라 소셜 네트워크, 업무 플랫폼으로 확장된 것이다. '가트너의 기술성장주기 곡선Gartner Hype Cycle for Emerging Technologies'에 따르면 VR 기술은 안정화 단계이고, AR 기술은 시장에 적응해 성장기에 진입하기 직전의 단계이며 MR 기술은 아직 기술이 불안정하여 소수의 기업만이 투자를 이어가는 단계이다.

사실 메타버스는 신기술이나 신개념이 아니라 30여 년간의 기술 발전과 진화를 통해 언급되던 기술이고 개념이다. 꾸준히 언급되며 다양한 성장 가능성을 이야기해 왔다. 그리고 앞으로

:: 가트너의 기술성장주기 곡선 ::

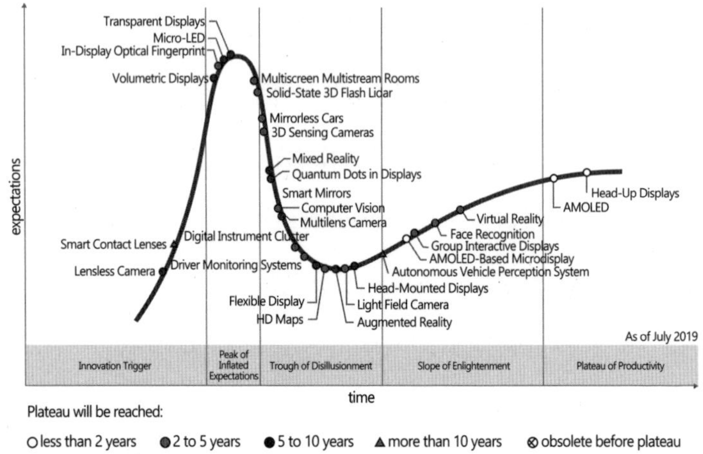

는 메타버스 내에서의 물리적 규칙과 정치, 경제, 문화적 규범들이 새로이 정립되며 새로운 플랫폼 경제 체제를 탄생시킬 것이다. 마크 저커버그는 "이제 우리에게는 페이스북이 1순위가 아니다. 메타버스가 새로운 미래가 될 것이다."라고 말하며, 페이스북 중심의 SNS 플랫폼에서 벗어나 메타버스의 선구자가 되기 위해 회사명을 '메타'로 변경했다. 그리고 10년 안에 10억 명의 인구가 메타버스를 활용, 수조 달러의 디지털 커머스 생태계 구축, 수백만 개의 크리에이터와 개발자 일자리 창출을 위해 소프트웨어 및 하드웨어 개발 투자에 100억 달러 약 11조 7천 억 원를 투자할 계획이라 밝혔다. 또한, 메타버스는 인터넷에 클릭하는 것처럼 쉽게 시공간을 초월해 사람들이 만나서 창의적인 일을 할 수 있는 모바일 인터넷 다음 단계라고 말하며 '호라이즌 워크룸', '호라이즌 홈', '호라이즌 월드'를 공개했다. 기존의 온라인 화상 회의는 참여자가 한 공간에 존재한다는 감각을 느낄 수 없었다면, VR과 AR이 결합한 메타버스에서는 사람들이 기존 온라인 공간에서 느낄 수 없던 실재감을 느끼고 광범위한 경험을 하게 될 것이다. 그리고 그만큼 자연스러운 상호 작용을 할 수 있게 될 것이다.

PART 5

ETHICAL ISSUES
& COEXISTENCE

메타버스의 윤리적 이슈와 공존

메타버스 윤리 문제를 제어할 수 있을까?

메타버스 세계는 현실의 국가와 경제 체계를 초월한 또 다른 세계이다. 새로운 규칙과 정치, 경제 체계가 생성될 것이다. 그런데 이 모든 시스템을 제어할 수 있을까? 가상세계에서 도박, 사기, 매춘과 같은 불법 행위를 현실 세계의 법으로 규제할 수 있는지에 대한 논의부터 필요할 것 같다. 예를 들어, 메타버스 세계에서 미국의 사용자와 우리나라의 사용자 간에 불

:: **메타버스 윤리 이슈** ::

안전 문제	중독 문제	고인의 콘텐츠화 문제	기술 발달 문제
• VR 콘텐츠에 빠져 상황을 인지하지 못하고 문제를 야기할 수 있다. • 교통사고나 인명 사고가 날 위험이 있다.	• 가상세계와 현실 세계의 괴리감으로 일상생활에 어려움을 느낄 수 있다. • 가상세계를 현실 도피의 수단으로 여길 수 있다.	• 고인의 인격권과 초상권, 잊힐 권리를 무시할 수 있다. • 고인을 콘텐츠로 한 저작권 문제가 발생할 수 있다.	• 고도화된 기술 발달이 인간의 프라이버시를 침해할 수 있다. • 포르노와 가짜 뉴스가 생성될 수 있다.

법 행위가 발생했다고 가정한다면, 어느 국가의 법을 적용할 수 있을까. 재판 관할 구역은 어디이며, 사이버 마약처럼 추상적인 행위는 어떻게 처리할 것인가.

이에 EU를 필두로 한 주요 국가는 AI 윤리 문제에 대한 가이드라인을 제정했다. AI의 발전과 활용을 위해서는 어느 정도의 제어가 필요하다고 보았기 때문이다. 2018년 EU는 유럽개인정보보호법에 따라 '자동화된 의사 결정'에 대한 사업자 활용 고지 의무와 이용자 이용 거부, 이의 제기 권리 등을 포함했으며, 2019년에는 인공지능 3대 요소를 제시하고, 2020년에는 민간 신뢰성 자율점검 체크 리스트를 보급했다. 그리고 2021년에는 '인공지능 법안'으로 고위험 인공지능 기술 규제, 공급자에 의무를 부과하는 가이드라인을 제정했다. EU에서 제정했지만 타국에도 상당한 부담을 줄 것이라 예상된다.

우리나라의 경우에는 민간 자율 규제를 중심으로 지원 체계를 구축하고 있는데, 카카오는 '카카오 인공지능 윤리 헌장'을 제정해 전 직원을 상대로 AI 윤리 교육을 진행하고 있으며, 삼성은 국내 최초로 '파트너십 온 AI'에 가입하여 AI 윤리 기준 제정 작업을 진행 중이다. 네이버는 서울대학교와 공동으로 'AI 윤리 준칙'을 발표했다. 과학기술정보통신부는 민간에서 자율적으로 신뢰성을 확보할 수 있도록 지원 체계를 구축하여 자본과 기술력이 부족한 스타트업에 대한 지원책을 마련하고 있다.

그렇다면 구체적으로 메타버스 안에서 일어나고 있거나, 일어날 수 있는 윤리적 문제점과 해결 방안에는 무엇이 있을까? 하나하나 되짚어 보도록 하자.

EU 인공지능법

제정 목적

- EU 시장에 출시되고 사용되는 인공지능 시스템의 안정성을 보장하고 기본적 권리와 유럽연합의 가치 존중
- 인공지능에 대한 투자와 혁신이 촉진되기 위한 법적 안정성 보장
- 인공지능 시스템에 적용될 수 있는 기본권 및 안전 기준 관련 법령의 효율적 집행력 강화
- 합법적이고 안전하며 신뢰할 수 있는 인공지능 개발 촉진

적용 범위

- 인공지능 시스템: 논리와 지식 기반 또는 통계적 접근 방식으로 개발된 소프트웨어와 인간이 정의한 목적에 따라 상호 작용하는 환경에 영향을 미치는 콘텐츠 생산 · 예측 · 추천을 할 수 있는 시스템
- 공급자: 인공지능 시스템을 EU 시장에 출시하거나, 자체 이름 또는 상표의 서비스 제공을 위해 인공지능 시스템을 개발하는 자, 개발된 인공지능 시스템을 보유한 개인과 법인
- 사용자: EU 내 인공지능 시스템을 사용하는 개인과 법인, 제3국에 설립된 공급자나 사용자임에도 인공지능 시스템의 결과물이 EU에서 사용되는 경우

인공지능 제한 범위

- EU의 가치, 인간의 존엄성과 기본권을 침해하고 사람들의 안전과 생계 및 권리를 명백히 위협할 경우(공공의 안전을 위한 경우는 제외)
- 인간의 의식을 뛰어넘는 잠재의식을 조작해 인간의 행동과 의견, 결정

권을 조작할 수 있는 경우

- 개인과 단체에 대한 정보와 예측을 악용해 아동과 장애인 등 취약자를 표적으로 삼는 경우
- 공공기관이 사회적 행동, 알려지거나 예측된 개인의 특성을 기반으로 자연인의 신뢰도를 평가하거나 불리한 대우를 하는 경우
- 인공지능을 이용해 경찰이 공개된 장소에서 실시간으로 생체 정보를 활용해 신원 확인을 할 경우(실종아동 수색, 테러 대응, 특정 범죄인 검거를 위해 사법당국의 사전 승인을 받은 경우 제외)

나와 아바타 사이의 혼동

사람들은 가상공간에서 자신이 원하는 이상적인 모습이나 자신을 닮은 아바타로 '또 다른 나'를 제작해 사용한다. 이전에는 아이디와 닉네임, 프로필 이미지 정도의 텍스트 기반으로 자신을 표현했다면, 메타버스 세상에서는 굉장히 정교한 아바타를 만들어 콘텐츠를 제작하고 경제 활동을 하며, 시공간을 뛰어넘는 커뮤니케이션을 하게 된다.

그러나 장시간 가상세계에 머물며 몰입하면 중독과 과 몰입, 컴퓨터를 리셋하듯이 현실도 리셋할 수 있으리라 착각하는 '리셋 증후군'을 겪을 수 있다. 일부 MMORG 게임에 중독된 이들은 사회적 고립과 상상력의 감소, 게임 안에서의 성취에만 집중하는 현상, 게임을 제외한 일상 활동의 배제 증상이 발현된 바 있다. 그렇다면 가상세계에서의 활동에 중독되는 이유는 무엇일까? 바로 아바타로 정체성을 실험하고 통제할 수 있다는 느낌과 경험이 강한 쾌감을 불러일으키기 때문이다. 가상세계에서는 현실과 달리, 적응을 못하면 아바타를 바꾸면 된다. 문제는 이런 아바타와 실제의 나를 혼동하는 지점에서 발생한다. 현실의 나는 만족할 수 없는 반면 가상세계에서 나를 대신하는 아바타는 이상적으로 활동할 수 있다. 여기서 자신감을 얻은 사람을 현실에 적응하기 힘들어하며 가상세계를 현실 도피의 수단으로 여기기도 한다.

이러한 문제를 해결하기 위해서는 자아정체감이 높아야 한다. 자아정체감이란 '자신의 고유성에 대해 알고 안정된 느낌을 갖는 것'으로 자신의 성격과 가치관, 미래관 등이 어느 정도 명료한 것을 말한다. 보통 청소년기 자신에 대한 이해를 시작으로 갖는 정체감이다. 평소에 자아정체성이 높은 사람은 어떤 상황에도 융통성을 발휘해 자신의 진짜 모습을 잃지 않는다. 그러나 자아정체감이 낮은 사람은 늘 가상세계에서 대리 만족을 얻다가 현실로 돌아와 우울감과 좌절감을 느끼는 일을 반복한다. 특히 청소년기는 자아에 대해 깊이 탐색하고 형성하는 시기이므로 가상과 현실 세계를 혼동하지 않기 위한 교육이 필요하며, 메타버스 활용이 영유아 시장으로까지 형성된 만큼 조금 더 주의가 필요하다.

메타버스 세상은 실제 세계처럼 타인과 상호 작용을 할 수 있고, 인간의 보편적인 삶의 동기인 성취감과 소속감을 느낄 수 있다는 점이 매우 닮았다. 그러나 가상세계와 현실 세계의 극명한 차이점은 가상세계에는 '안정적인 신체'가 존재하지 않는다는 것이다. 현실의 나에게는 물리적 신체가 있고 유일한 외모와 본디의 성별, 환경이 주어져 있다는 사실이 정체감을 보장한다. 그러나 가상세계의 나에게는 신체가 없다. 아바타가 달리기를 잘한다고 해서 실제 내가 달리기를 잘하는 것은 아니며, 아바타가 가상공간에서 멋진 외모와 말솜씨로 인기를 얻었다고 해서 현실의 내가 그러한 건 아니다. 중요한 건 사용자 스스로 지니고 있는 자아의 정체성이다. 있는 그대로의 나를 받아들이고, 현실 공간에서 실제로 성취감을 느끼면서 가상공간을 활용하는 것이 가상공간의 나와 공존할 수 있는 방법이다.

인간의 기본권과 잊힐 권리의 침해

인간의 기본권 침해에 대한 논의도 필요하다. MBC의 VR 다큐멘터리 〈너를 만났다〉는 세상을 떠난 가족을 가상현실로 만나는 과정을 담은 프로그램이다. 고인을 가상의 인물로 만드는 데는 모션 캡처, AI 음성 인식, 딥 러닝 등의 기술이 사용되었으며, 첫 회에 방영된 9살 아이의 경우에는 체형이 비슷한 또래 아이를 모델로 한 뼈대 제작, 가족의 인터뷰와 사진, 동영상을 통한 표정과 몸짓 제작, 부족한 데이터 보충 등을 통해 총 7개월의 제작 기간이 걸렸다. 방영 후 관련 유튜브 영상은 폭발적인 조회 수를 기록할 정도로 반응이 뜨거웠다. 이러한 VR 콘텐츠 제작의 목적은 VR을 통해 고인을 만남으로써 준비되지 않은 이별을 받아들이는 유족의 심리적 치유를 위함이다. 애도 기간을 통해 우울증, 중독, 자살과 같은 극단적 행동을 예방할 수 있기를 기대한다.

그러나 〈너를 만났다〉 방영 후 폭발적인 반응에는 우려감도 함께였다. 더 큰 슬픔에 빠지거나 현실에 부적응하는 등의 문제다. 이러한 문제를 해결하기 위해서는 정신 전문가와 함께 다양한 심리 치료 기법을 활용한 콘텐츠 개발이 더 있어야 한다. 물론, 이미 인간의 심리적 치료의 영역에서 VR과 AR 기술이 사용되고는 있다. 미국 서던 캘리포니아대학교의 앨버트 리쪼 Albert Rizzo 박사가 개발한 '버추얼 이라크'는 이라크 참전 병사를 대상으로 악몽이나 불면 등을 겪는 외상 후 스트레스 증상을 상당 부분 호전시켰으며, 2016년 영국 UCL대학교에서 개발한 우울증 치료 VR 프로그램은 심리적으로 고통받는 아이들을 위로하며 고통을 완화하게 했다.

고인의 초상권과 잊힐 권리 또한 짚고 넘어갈 문제다. 〈너를 만났다〉 프로그램이 유족의 슬픔을 대중화한 점, 고인을 복원함으로써 고인의 잊힐 권리를 침해한 점은 윤리적으로 논란의 여지가 있다. '잊힐 권리'란 잊혀지고자 하는 주체가 온라인상에 자신과 관련한 모든 정보를 삭제 및 확산 방지를 요구할 수 있는 권리를 말한다. 아날로그 미디어 시대에는 일정 시간이 지나면 자연스럽게 사람들의 기억에서 잊혔지만, 지금은 그렇지 않다. 생성된 정보는 데이터베이스화되어 누구나 언제든 정보를 찾을 수 있다. 시스템적으로 고인의 잊힐 권리를 보장할 수 없다. 실제로 2014년에 사망한 배우 로빈 윌리엄스는 스스로 잊힐 권리를 택하며 유서에 생전 모습을 2039년까지 어떤 영역에서도 사용할 수 없음을 남겼다.

잊힐 권리

잊힐 권리는 2012년 EU의 정보보호규정안에 발의되었다. 개인 정보는 성명, 주민등록번호, 영상, 부호, 문자, 음성 등 특정인을 알아낼 수 있는 모든 형태의 정보를 말하며, 잊히고자 하는 정보 주체는 구체적으로 자신이 열람한 개인 정보에서 제3자가 게재한 글에 포함된 개인 정보까지의 삭제를 요구할 수 있다. 실제로 우리나라에서는 '개인 정보를 열람한 정보 주체가 개인 정보처리자에게 개인 정보의 정정 또는 삭제를 요구할 수 있으며, 요구받은 개인정보처리자는 지체 없이 필요한 조치를 취하도록' 법적으로 명시하고 있다. 특히, 일반에게 제공된 정보가 사생활 침해와 명예훼손에 해당할 경우에는 강한 규제가 적용된다.

그러나 개인 정보라고 해도 표현의 자유에 대한 권리 행사, 공공 보건 부분의 공익을 위한 경우, 학술적 연구 목적으로 필요한 경우, 합법적 목적으로 타 법률에 의해 개인 정보를 보관해야 할 경우는 예외로 둔다.

또한, 아바타의 위치 정보의 보호 및 이용 등에 관한 법의 적용 범위에 따른 프라이버시 보호 문제도 있다. 사용자가 AI 챗봇을 통해 개인 정보를 탈취하는 일은 쉽게 일어난다. 메타버스 플랫폼에서는 콘텐츠 제작자가 이용자의 개인 정보나 타인과 주고받은 메시지 등을 빅데이터로 구성하게 되며, 빅데이터는 실시간으로 처리되어 비즈니스 운영 시스템을 개선하거나 고객 맞춤형 광고를 하게 된다. 이용자의 경험, 시간, 교류한 상대, 대화 내용, 아바타 아이템 등 수집되는 데이터도 다양하다. 그러나 개인 정보를 보호할 수 있는 법안을 마련하는 일은 인간의 기본권을 위해서도 미성년자 보호를 위해서도 반드시 필요한 일이다. 미성년자의 개인 정보는 철저히 보호할 수 있어야 한다.

지적 재산권 침해

메타버스는 거대한 크리에이터 생태계를 갖추고 있다. 그만큼 사용자들이 개발한 콘텐츠를 저작물로 인정받을 수 있는지에 대한 논의가 필요하다. 실제로 사용에 따른 저작권 보호 및 침해 소송이 일어나고 있기도 하며, 미국음악출판협회 NMPA는 가상 음악 재생 장치에 음원을 불법 제공한 로블록스에 2억 달러 규모의 저작권 침해 소송을 제기한 바 있다.

또한, 구찌가 메타버스 플랫폼에서 판매하는 의류가 저작권법의 보호를 받으려면 현실 세계에서 판매하는 구찌 브랜드의 고유 패턴이나 디자인이 '응용 미술 저작물'로 인정받아야 한다. 구찌가 아이템을 공개한 지 열흘 만에 구찌 IP를 활용한 2차 콘텐츠가 40만 개 이상 생성되고 300만 회 이상의 조회 수를 기록한 바 있다. 통상적으로 로블록스와 제페토 등의 메타버스 플랫폼에서는 사용자가 만든 창작물에 대한 저작권은 사용자가 가지며, 그 창작물의 사용과 서비스 사용에 대해서는 메타버스 운영진이 포괄적으로 라이선스를 부여받는 것으로 정하고 있지만, 여전히 사소한 분쟁이 끊이지 않고 있다.

상표권 침해도 문제다. 현실을 기초로 제정된 상표법이 메타버스 세계에도 그대로 적용될 수 있는가에 대한 논의가 필요한데, 사실 메타버스 내에 이미테이션 상품의 상표권 침해는 패션 브랜드의 로고나 디자인 등 기존 IP를 사용한 디지털 패션 상품의 이미테이션 상품에 대한 상표권 침해일 것이다. 아직은 경계가 모호하고 정립되지 않은 사안이다.

가상세계에 실존하는 건물을 재현하거나 아바타를 꾸미는 의상을 제작하거나 아바타로 콘서트를 열었다면 이 창작물 또한 저작물로 인정받아야 한다. 문제는 이와 관련해 아바타에게 법적 지위도 부여할 수 있을 것인가이다. AI를 통해 아바타가 작곡을 했다면 아바타를 창작의 주체로 보고 법적 인격권을 부여할 수 있을 것인가? 아바타 간의 상호 작용으로 생겨난 상업 활동과 경영 활동에도 민법과 형법, 상법, 노동법 등을 적용할 수 있을 것인가? 이렇듯 아바타의 퍼블리시티권도 논의해야 할 문제다.

퍼블리시티권이란 개인의 이름과 초상, 서명 등 인격적인 요소가 파생하는 일련의 재산적 가치를 권리자가 독점하는 권리를 말한다. 퍼블리시티권의 침해 및 성과물 도용, 부정 경쟁 행위는 가상공간 속에서 유명 인사의 캐릭터를 자신의 아바타로 사용해 영리 활동을 할 경우 문제가 될 수 있으며, 실제로 미국의 색소폰 연주자 레오 펠레그리노Leo Pellegrino는 포트나이트의 이모트 기능 중 'Phone it in'이 자신의 댄스라며 퍼블리시티권 침해 소송을 제기한 바 있다.

AR·VR 기술의 고도화 문제

기술의 진보로 인한 문제점도 있다. 첫째로 AR 촬영으로 불특정 다수의 프라이버시를 침해하는 문제다. AR 글라스는 360도 카메라로 영상을 녹화하고 수집해 클라우드 서버로 전송하는데, 문제는 정보를 과잉으로 수집하는 것이다. 실제로 미국에서는 구글 글라스 출시 이후 프라이버시 침해에 대한 문제가 지속적으로 제기되고 있으며, 그 결과 최근에 위치정보만 제공하거나 사람의 얼굴과 차량의 번호판 등은 블러 처리를 하는 등의 조치가 의무화되었다. 물론, 법적 제제이지 정보 자체를 제한적으로 수집할 수 있는 것은 아니라서 여전히 문제는 남아 있다.

또한, AR·VR 디바이스를 합법한 목적으로만 사용할 수 있어야 한다. AR 디바이스를 착용하고 비공개 장소에 나타나는 경우에 불법 촬영의 소지가 있기 때문이다. 현재 개인정보보호법상 영상정보처리기기를 CCTV나 자동차 블랙박스 등에 한하는데, 이동형 영상촬영기기도 포함해야 한다는 목소리가 높다.

둘째는 감시의 문제다. AR·VR 디바이스는 모든 것을 선명하고 정확하게 녹화한다. 인간의 얼굴과 차량 번호를 스캔하면 신원을 파악할 수 있기 때문에 치안에 활용하면 치안 수준이 높아질 것이다. 그래서 EU 인공지능법에 의하면 공공의 안전과 실종자 수색, 테러범이나 특정 범죄인 검거를 위해 사법당국의 승인을 받은 경우에는 사용할 수 있다. 그러나 이 또한 악용되면 개인의 프라이버시를 침해할 수 있을뿐더러 감시의 목적으로 사용될 수 있다. 노동 감시에 사용된다고 생각해 보라. 산업 현장도 스마트 관리 형태가 도입되고 있는 추세라 배제할 수 없는 문제다. 고용주가 근로자의 위치와 정보를 파악하고 감시의 목적으로 사용한다면 명백한 기본권 침해다. 강제적인 동의가 이루어지거나 비밀리에 행하는 경우 노동자 감시를 현실적으로 막기란 불가능하다.

셋째는 고도화된 기술을 악용하는 문제다. 딥페이크 기술을 활용한 포르노와 가짜 뉴스가 생성될 수 있다. 가상세계에서도 현실 세계와 마찬가지로 집단 괴롭힘과 모욕, 성범죄와 폭력 등의 문제가 벌어진다. 여기에 햅틱 기술이 발전한다면 어떨까? 상대방이 원치 않는 가상 신체 접촉, 가상 성매매, 집단 괴롭힘과 폭력 등이 발생할 것이다. 2016년 퀴브이아르 VR 게임에서 원치 않는 신체 접촉과 중단 요청에도 행위가 지속했다는 보고가 있으며, VR 콘텐츠 업계에서는 섹스와 스포츠, 게임을 주 수익원으로 보고 있기까지 하다. 사회적 규범이 가상세계에도 적용될 수 있는 법안이 마련되어야 할 것이다. 그러나 현재는 사이버 명예훼손에 대한 판례에는 닉네임을 특정 인물로 인식하지 않고 있으며, 게임 내 공연성과 사회적 평판에 대한 기준도 모호한 것이 현실이다.

메타버스 내 윤리 문제를 해결하려면?

메타버스 세계는 놀랍도록 실제 세계와 닮아 있다. 그러나 나를 닮은 아바타를 생성해 타인과 소통하며, 재화를 생성한다는 점은 두말할 것도 없이 현실에서의 윤리적 문제 또한 일어날 것을 예고한다. 위에서 언급한 자아상실로 인한 문제, 초상권, 잊힐 권리 등에 대한 기본적인 인격권의 문제, 지적 재산권의 문제, 고도화된 AR·VR 기기의 문제뿐 아니라 디지털 마약이나 성범죄, 사기와 횡령 등의 문제다. 그래서 건전하고 유용

:: 메타버스 내의 불법 행위와 사법권 ::

한 메타버스 문화를 위해서는 AI에 대한 사회적 신뢰 확보를 위한 제도와 국가를 초월한 법적 규제가 필요하다.

딥페이크 기술의 문제점을 살펴보자. 딥페이크란 'AI를 기반으로 한 인간 이미지 합성 기술'로 기존에 있던 특정 인물의 신체를 디지털 기술로 합성한 영상 편집물을 말한다. 문제는 누구나 딥페이크 포르노의 희생양이 될 수 있다는 것이다. 정치적 목적으로 딥페이크를 기술을 활용할 경우 가짜 뉴스가 생성될 수 있고, 보이스피싱의 우려도 있다. 기업을 공격할 목적으로 영상을 합성할 수도 있는 등 범죄 적용 범위는 광범위하다. 반드시 강한 법적 규제가 필요한 부분이다.

각 민간 기업에서도 불법 행위를 규제하기 위한 다양한 기술을 적용하는 중이다. 네이버는 음란물 필터링 AI 기술을 적용한 '네이버 엑스아이X-eye'로 부적절한 내용을 담은 이미지가 자사 사이트에 올라오면 즉각 검색 노출을 막는다. 엄청난 양의 이미지를 형태별로 분류할 수 있도록 AI에 10개월간 학습을 시킨 결과다. 98.1%의 높은 정확도를 보이는 기술이기도 하다.

나도 메타버스 플랫폼을 운영하기 때문에 메타버스에서 발생하는 윤리적 이슈에 민감한 편이다. 국내 사용자와 해외 사용자가 함께 사용하는 플랫폼이기 때문에 혹시나 발생할 수 있는 경제 사기나 지적 재산권 분쟁에 대비하기 위함이다. 앞으로 메타버스 분야에 대한 전문 변호사가 많이 활동하게 되지 않을까 싶다.

결국, 메타버스는 인간이 살아갈 새로운 세계이다. 그리고 인간이 가장 인간답게 살기 위해서는 철학적 정립이 필요하다. 메타버스 내에서 일어날 수 있는 불법적, 윤리적 문제에 대해 인식하고 데이터를 구축해 관련 법규를 마련함과 동시에 이슈에 대한 논의가 필요하다고 볼 수 있다.

카카오 인공지능 윤리 헌장

1. 카카오 알고리즘의 기본 원칙

카카오는 알고리즘과 관련된 모든 노력을 우리 사회 윤리 안에서 다하며, 이를 통해 인류의 편익과 행복을 추구한다.

2. 차별에 대한 경계

알고리즘 결과에서 의도적인 사회적 차별이 일어나지 않도록 경계한다.

3. 학습 데이터 운영

알고리즘에 입력되는 학습 데이터를 사회 윤리에 근거하여 수집·분석·활용한다.

4. 알고리즘의 독립성

알고리즘이 누군가에 의해 자의적으로 훼손되거나 영향받는 일이 없도록 엄정하게 관리한다.

5. 알고리즘에 대한 설명

이용자의 신뢰 관계를 위해 기업 경쟁력을 훼손하지 않는 범위 내에서 알고리즘에 대해 성실하게 설명한다.

6. 기술의 포용성

알고리즘 기반의 기술과 서비스가 우리 사회 전반을 포용할 수 있도록 노력한다.

7. 아동과 청소년에 대한 보호

카카오는 아동과 청소년이 부적절한 정보와 위험에 노출되지 않도록 알고리즘 개발 및 서비스 디자인 단계부터 주의한다.

- 《KB 지식 비타민 블록체인 시장의 다음 메가트렌드》 NFT, 2021
- 《로그인(Log In) 메타버스: 인간×공간×시간의 혁명》 PRi 소프트웨어정책연구소 이승환, 2021
- 《메타버스 비긴즈(BEGINS) 5대 이슈와 전망》 SPRi 소프트웨어정책연구소 이승환·한상열, 2021
- 《2021 KISA REPORT volume 02》 한국인터넷진흥원, 2021
- 《메타버스, 의료현장의 미래를 말하다》 한국보건안전단체총연합회, 2021
- 《비대면 시대의 국내 XR 활용 동향》 한상열·방문영, 2020
- 《VR·AR 디바이스 동향 및 시사점》 이혁준, 2020
- 《포스트 코로나 시대의 핵심기술: VR/AR 산업과 규제 이슈》 강준모·이은민, 2020
- 《국내 디지털 헤리티지 콘텐츠의 비판적 성찰》 최희수, 2019
- 《미래직업 가이드북》 교육부·한국직업능력개발원, 2018
- 《디지털 트윈, 가상세계에 현실이 반영된 모델을 구현하여 미래 예측 및 대비가 가능한 유망 기술》 한국기업데이터(주) 최지석, 2017
- 《메타버스 개발동향과 발전전망 연구》 서성은, 2008
- 《가상공간과 가상공간의 자아정체감이 게임중독과 현실부적응감에 미치는 영향》 한혜경·김주희, 2007
- 《디지털 시대의 신인류, 디지털 네이티브》 LG주간경제 CEO 레포트 강승훈, 2004

- 〈붉은 악마 뒤에는 하이텔이 있었다〉 한겨레, 2021
- 〈가상자산에 뛰어든 게임사들, NFT·메타버스 정조준〉 디지털투데이, 2021
- 〈페이스북 "모두 VR 쓰고 원격으로 일하는 시대 올 것"〉 연합뉴스, 2021
- 〈미래 SNS는 '메타버스'로 간다〉 광주일보, 2021
- 〈병원도 제약회사도 메타버스 탑승, 원격의료시장 열리나〉 아주경제, 2021
- 〈가상·현실 잇는 메타버스, 의료현장 한계 극복 대안으로 주목〉 청년의사, 2021
- 〈의료계도 메타버스 시동, 원격의료 논란 재점화시키나?〉 헬스조선, 2021
- 〈'메타버스'에 펼쳐진 재난·응급현장…의료교육 사각지대 없앤다〉 머니투데이, 2021
- 〈가상세계와 현실 넘나들다, '메타버스' 열풍〉 정책브리핑, 2021
- 〈메타버스에 투자하는 세 가지 방법〉 한경닷컴, 2021
- 〈SKT·KT·LGU+ 이통3사, 차세대 플랫폼 '메타버스' 선점 불꽃 경쟁, 이통사별 준비 중인 VR 서비스는?〉 녹색경제신문, 2021
- 〈일상에 스며든 메타버스, 이통사 시장 선전 나선다〉 전자신문, 2021
- 〈메타버스로 장보고, 로봇경찰이 지키는 '5G 특화도시' 만든다〉 이데일리, 2021
- 〈메타버스, 어떤 미래를 가져올까〉 매거진한경, 2021
- 〈VR로 죽은 가족과 만난다, 심리 치유일까 망자 비즈니스일까〉 한국일보, 2020